로마노 과르디니의
주님의 기도

The Lord's Prayer was first published in Germany in 1932 under the title *Das Gebet des Herrn*
by Matthias Grünewald Verlag
Copyright © 1932 Matthias Grünewald Verlag
English translation Copyright © 1958, 1986 by Random House, Inc.
All rights reserved.
This translation published by arrangement with Sophia Institute Press
through Riggins Rights Management
Korean translation copyright © 2023 Catholic Publishing House

로마노 과르디니의 주님의 기도

2001년 1월 17일 교회 인가
2023년 2월 22일 초판 1쇄 펴냄
2023년 3월 29일 초판 2쇄 펴냄

지은이 · 로마노 과르디니
옮긴이 · 안소근
펴낸이 · 정순택
펴낸곳 · 가톨릭출판사
편집 겸 인쇄인 · 김대영
편집 · 강서윤, 정주화
디자인 · 정호진
마케팅 · 임찬양

본사 · 서울특별시 중구 중림로 27
등록 · 1958. 1. 16. 제2-314호
전자우편 · edit@catholicbook.kr
전화 · 1544-1886(대표 번호)
지로번호 · 3000997

ISBN 978-89-321-1849-9 03230

값 16,000원

성경 · 전례문 ⓒ 한국천주교중앙협의회, 2022

이 책의 한국어 출판권은 (재)천주교서울대교구 가톨릭출판사에 있습니다.
이 책은 저작권법에 의해 보호를 받는 저작물이므로 무단 전재와 무단 복제를 금합니다.

가톨릭의 모든 도서와 성물을 '**가톨릭출판사 인터넷쇼핑몰**'에서 만나 보실 수 있습니다.
http://www.catholicbook.kr | (02)6365-1888(구입 문의)

로마노 과르디니의
주님의 기도

로마노 과르디니 지음 | 안소근 옮김

PATER NOSTER,
QUI ES IN CÆLIS

가톨릭출판사

"주님의 기도는 참으로 복음 전체를 요약한 것입니다. 주님께서는 이 기도문을 전해 주신 다음 이렇게 덧붙이셨습니다. '청하여라, 받을 것이다.'(요한 16,24) 저마다 자신의 사정에 따라 서로 다른 청을 하늘에 계신 분께 드릴 수 있습니다. 그러나 늘 모든 청원의 기본이 되는 '주님의 기도'로 시작해야 합니다."

— 테르툴리아누스

"예수님께서는 제자들에게 기도하는 법을 가르치셨습니다."
"기도는 우리가 중재자이신 그리스도를 통하여 성령 안에서 하느님을 만나는 올바른 길입니다."

— 오리게네스

"주님의 기도는 천국에 대한 가르침의 편람便覽입니다."

— 치프리아노 성인

"주님께서는 우리에게 모든 형제를 위해 공동으로 기도하라고 가르치셨습니다. 사실 예수님께서는 우리의 기도가 교회 전체를 위해 한마음으로 드리는 기도가 되도록 하늘에 계신 '나의' 아버지라고 말씀하지 않으시고 '우리' 아버지라고 말씀하셨습니다."

— 요한 크리소스토모 성인

"성경에 실린 모든 청원을 살펴보십시오. 나는 여러분이 그 안에서 주님의 기도에 포함되어 있지 않거나 거기서 기인하지 않은 어떤 것을 발견하리라고 생각할 수 없습니다."

— 아우구스티노 성인

"우리는 이 기도로 청하고, 바른 삶으로 찾고 한결같은 신앙으로 두드려야 합니다."

— 베다 성인(베다 존자)

"주님의 기도는 가장 완전한 기도입니다. 이 기도를 통해서 우리가 올바르게 바랄 모든 것을 청할 뿐 아니라 우리가 마땅히 청해야 할 순서대로 청하기도 합니다. 그렇기에 청해야 할 것을 우리에게 가르쳐 줄 뿐 아니라, 우리의 모든 정서까지 형성시켜 줍니다."

— 토마스 아퀴나스 성인

"얼마나 숭고한 완전함이 주님의 기도 안에 담겨 있는지요! 이 기도를 지은 분의 거룩한 지혜를 이 안에서 얼마나 깊이 깨닫는지요! 이 기도에 대해 우리는 감사해야 합니다. 이 기도는 내가 찬탄할 수밖에 없게 만드니, 어찌 이렇게 겨우 몇 마디 말씀 안에 온전함과 관상에 필요한 모든 것이 담겨 있는지요!"

— 예수의 데레사 성녀

Contents

서문 9

들어가는 문 11

호칭 27
하늘에 계신 우리 아버지 Ⅰ

호칭 41
하늘에 계신 우리 아버지 Ⅱ

첫 번째 청원 63
아버지의 이름이 거룩히 빛나시며

두 번째 청원 79
아버지의 나라가 오시며

세 번째 청원 95
아버지의 뜻이 하늘에서와 같이 땅에서도 이루어지소서

네 번째 청원　**113**
오늘 저희에게 일용할 양식을 주시고

다섯 번째 청원　**131**
저희에게 잘못한 이를 저희가 용서하오니
저희 죄를 용서하시고

여섯 번째 청원　**153**
저희를 유혹에 빠지지 않게 하시고

일곱 번째 청원　**175**
악에서 구하소서

아멘　**193**

역자 후기　**208**

서문

주님의 기도를 주해하려 하는 사람은, 멀리까지 거슬러 올라가는 저명한 이들의 반열에 들어가게 된다. 1세기부터 그리스도교 사상가들과 신심이 깊은 사람들은 그리스도의 가장 내밀한 존재를 지극히 순수하게 표현하는 이 기도의 깊은 속을 파고들려 해 왔다. 그들은 그분의 말씀 하나하나가 풍부한 신적 보화를 담고 있다는 것을, 그리스도교 기도에 대한 가장 순수한 접근이 그분의 사고 구조와 그분 영의 움직임 안에 드러나 있다는 것을, 이 신성한 문장들에 의탁하는 이들은 바로 그 접근에 참여하게 된다는 것을, 그리고 "주님, 저희에게도 기도하는 것을 가르쳐 주십시오."[1]라는 청원에 그리스도께서 주님의 기도로 응답하심으로써 그 청원이 이루어졌다는 것을 알고 있었다.

우리도 이 지성소를 탐험하고 주해하고자 한다. 우리보다 앞서 간 위대한 이들 앞에서 주저하게 되지만, 계시의 말씀들은 각 시대에게 새로운 해석을 요구한다. 이전 세대가 훌륭한 말들을 했다고 해서, 우리가 우리의 몫을 다할 임무가 감소되지는 않는다. 많은 것들이 기초부터 흔들린다고 느끼는 이 시대에, 우리는 구원의 전능함이 흔들림 없이 지배하는 그리스도교 실재들의 핵심으로 돌아가는 길을 더듬어 찾아야 할 충분한 이유들을 갖고 있다.

---

1 루카 11,1

들어가는 문

아버지의 나라가 오시며

Adveniat regnum tuum

신성의 충만함으로 가득 채워지셨던 예수님은, 요한이 말하듯이 "은총이 충만하신"[1] 분으로서 오셨다. 그분은 하루 종일 "좋은 일을 하시고"[2] 두루 다니셨다. 사람들을 만나실 때 그분은 주변에서 발생하는 사건들에 따라, 각 순간이 요구하는 대로 행적과 가르침과 교훈으로 신적인 응답을 해 주셨다. 그 하나하나는 고유하고 유일무이한 개별적 만남의 결과이면서도 언제나 영원한 의미를 지니고 있었다.

루카는 그의 복음서 11장에서 이렇게 전한다.

1　요한 1,14
2　사도 10,38

"예수님께서 어떤 곳에서 기도하고 계셨다. 그분께서 기도를 마치시자 제자들 가운데 어떤 사람이, '주님, 요한이 자기 제자들에게 가르쳐 준 것처럼, 저희에게도 기도하는 것을 가르쳐 주십시오.' 하고 말하였다."[3]

우리는 그 상황을 눈앞에 그려 볼 수 있다. 그 안에서는 다른 스승과 그의 제자들에 대한 질투를 희미하게 감지할 수 있다. 하지만 이 인간적이고 찰나적인 순간에, 주님은 영원한 말씀을 하신다.

"너희는 기도할 때 이렇게 하여라.
'아버지
(마태오는 그 앞에 '저희'를 붙이고 '하늘에 계신'을 더한다.)
아버지의 이름을 거룩히 드러내시며
아버지의 나라가 오게 하소서.

---

3 루카 11,1

날마다 저희에게 일용할 양식을 주시고

저희에게 잘못한 모든 이를 저희도 용서하오니

저희의 죄를 용서하시고

저희를 유혹에 빠지지 않게 하소서.

(마태오는 '악에서 구하소서'를 더한다.)'"[4]

이 문장들의 구조로 들어가는 문을, 그 가장 중요한 핵심으로 들어가는 문을 찾는다면 그것은 마태오가 기록한 "아버지의 뜻이 …… 이루어지게 하소서."라는 청원일 것이다.

우리는 여기에서, 하느님의 뜻이 이루어지기를 청하라는 권고를 받는다. 그렇다면 그 뜻은 분명 청할 필요가 있

---

4 루카 11,2-4; 마태 6,9-13

는 것이어야 한다. 우리가 진심으로 열렬하게 기도하며 청해야 할 귀중한 것, 거룩하고 유익한 것이어야 한다.

하느님의 뜻은 그분께서 우리에게 요청하시는 것이고 우리의 양심에 구속력을 갖는 것이다. 우리는 여기서 하느님의 뜻이 '도덕법'이나 '의무'를 뜻한다고 생각하려는 유혹을 받을 수도 있다. 하지만 그것이 맞지 않는다는 것은 이 단어들을 기도에 넣어 보면 바로 알 수 있다. 도덕법과 우리의 의무는 물론 숭고한 개념들이다. 우리는 그에 따라 살고 다른 이들도 그렇게 하도록 노력해야 한다. 하지만 "도덕법이 이루어지소서."라거나 "의무가 이루어지소서."라고 기도한다는 것은 꿈도 꿀 수 없다. "하느님의 뜻"은 도덕법을 포함한다. 그 뜻이 인간의 자유에 최고의 질서를 부여하고, 모든 양심에 구속력을 갖기 때문이다. 그러나 하느님의 뜻이라는 말이 근대에 얻게 된 추상적 의미로 본다면 더욱, 하느님의 뜻은 도덕법 이상이다. 그것은 무한한 무엇이고 전체이다. 깊고 가깝고 살아 있는 것이면서, 우리에게 본질적으로 관련되며 우리 존재의 가장 깊은 곳까지 영향을 미치는 것이다.

하느님의 뜻은 세상과 우리에 대한 그분의 거룩한 계획이다. 그분의 영원한 결정이고, 지혜의 열매이며, 굳은 결의의 힘이며, 마음의 사랑 어린 갈망이다. 그것은 그 자체로 거룩하며, 신적 영광의 핵심이고 신적 완전성이다. 우리의 삶이 그 참된 목표와 실재에 도달하는지 아니면 그저 모조품이 되는 데에 그치는지 여부는 하느님의 뜻이 우리의 삶 안에서 이루어지는지 여부에 달려 있으므로, 그 뜻은 우리에게도 중대한 의미를 갖는다. 하느님의 뜻이 어떤 시간 안으로 들어오게 되면, 그 시간은 영원을 위하여 가치를 지니게 된다. 그 뜻이 들어오지 않는다면 그 시간은 무의미하게 사라진다. 이 청원에서 말하는 하느님의 뜻은 이러한 것이다.

그런데 그리스도인이 하느님의 뜻이 이루어지기를 기도해야 한다면, 이는 그분의 뜻이 이루어지지 '않는' 것도 분명 가능하다는 말이 된다. 해가 뜨도록 기도하라고 하지는 않는다. 그러므로 이 청원은, 하느님의 뜻이 이루어지는 것이 당연히 일어나는 일은 아니며 오히려 의심의 여지가 있는 일이고 위협받을 수도 있는 일임을 내포한다.

하느님의 뜻은, 그분의 결정에 따라 세상 안에서 실행되어야 하는 것이다. 하지만 그것은 실제로 어떻게 이루어지는가? 해가 뜨고 지는 것, 별들이 일정하게 움직이는 것, 실체나 힘들이 이런저런 방식으로 움직이는 것, 이 모든 것도 하느님의 뜻이다. 하지만 그러한 영역에서 하느님의 뜻은 자연의 과정에 맡겨져 있다. 그것은 불가피하다. 거기에는 실험적인 것이 없다. 실제로 일어나는 것과 달리 일어날 수는 없다. 하지만 더 높고 고귀한 존재들에게서는 이와 다르다. 하느님의 은총과 뜻에 따라, 믿음과 계시에서 시작해야 한다는 점에서 완전히 다른 것이다.

하느님은 이들에게서 당신의 뜻이 자연의 강제력에 의하여 실행되기를 원치 않으신다. 여기에서 이루어져야 하는 것은 오직 인간의 내적 존재로부터, 그의 마음으로부터, 그의 지성과 그의 사랑과 그의 자유 의지로부터 비롯되어야 한다. 강제적인 필연성으로 어떤 일이 일어나도록 강요할 수 없다. 진리를 알아보는 것, 고귀한 업적과 올바른 질서를 만들어 내는 것은 오직 순수한 마음과 인간의 자발적인 협력을 통해서만 실현된다. 하지만 이 순수하고 자발적인 정신은 강요로 확보되지 않으며 오히려 게으름, 허영, 자신을 찾음, 무관심 때문에 위협을 받는다. 용기, 순수함, 관대함, 우리를 신뢰하는 이들에 대한 충실함, 우리가 고귀한 성격이라고 부를 수 있는 모든 것들은 자동적으로 또는 물리 법칙에 따라 생겨나지 않으며, 믿음, 사랑, 겸손, 거룩함 같은, 사랑을 품은 영의 지극히 섬세한 은총들도 그러하다. 이들은 마음과 의지의 자유로부터 나와야 한다.

하지만 인간의 자유 의지는 얼마나 불안정하고 나약하고 불확실한가! 얼마나 강하면서도 또 얼마나 나약한가! 얼마나 많은 선하고 건설적이고 고상한 힘들을 품고 있고, 또 얼마나 많은 파괴적이고 모멸적이고 타락시키는 힘들을 품고 있는가! 인간은 쉽게 악으로 기울고, 그의 의지는 하느님의 뜻을 거슬러 간다. 하느님의 뜻에 대하여 그는 반항하며 "싫습니다."라고 대답한다.

그래서 하느님의 뜻은 반대를 받을 위험에 처해 있다. 그분이 뜻하시는 것이 드높은 것일수록 그분의 뜻은 더 위협을 받는다. 하느님의 뜻이 더 귀한 것을 바랄수록 그것이 이루어지리라는 보장은 더 약해지고, 이 하느님의 뜻은 지상에서 더 약하게 나타난다. 하느님의 거룩하신 뜻의 가장 신성한 시도, 그분의 가장 깊은 마음으로부터 나오는 시도, 곧 구원하시고 자신을 내어 주시는 그분 사랑의 갈망은 이 세상에서는 둘도 없이 무력하게 보이고 매 순간에 내맡겨져 있으며, 그것이 실현될 가능성은 아주 작게 보인다. 그렇지 않은가?

그리스도께서 당신의 가장 순수한 본성의 열정으로 당신 아버지의 거룩하신 뜻을 이 세상에 가져오셨을 때, 무슨 일이 일어났는가? 전혀 생각할 수 없는 일이 일어났다. 그리스도는 백성을 현혹하는 범죄자로 여겨졌고, 사형에 처해졌다. 여기에서 우리는 하느님의 뜻이 세상에서 겪게 되는 운명을 분명히 볼 수 있다. 인간의 끔찍한 불순종 때문에 주님께서 구원을 위한 죽음을 겪으셨던 것과 같이, 결국에는 모든 반대도 하느님의 계획에 기여하게 된다 하더라도 말이다.

그러므로 우리는, 그리스도인이 그리스도의 영의 가르침을 받아 하느님의 뜻이 위협을 받는다는 것을 느껴야 한다는 것을 이해할 수 있다. 그리스도인은 세상의 방식들을 알고 있고, 그 자신의 방식을 알고 있으며, 따라서 하느님의 뜻이 반대를 받을 수 있음도 안다.

그 밖에도 고려해야 할 것이 있다. 이것을 표현하기는 어렵다. 그것이 하느님의 자유의 본성에 속하는 신비여서, 시간적인 세상으로부터 유래하여 그 의미를 지니게 되는 우리의 언어가 그것을 제대로 나타낼 수 없기 때문이다. 그것은 운명, 하느님의 결정, 만남, 임무, 시련과 같은 여러 형태로 인간을 향하는 하느님의 뜻을 가로막을 수 있는 것은 오직 인간뿐이라는 점이다. 인간은 하느님의 뜻이 그에게 다가가지 못하도록 자신을 닫을 수 있다. 인간의 자유로운 협력이 없을 때, 하느님의 뜻은 펼쳐질 수 없다.

그러므로 어떤 사람에 대한 하느님의 뜻은, 그 사람이 목적과 가능성을 설정할 경우처럼 그대로 이루어질 수 없다. 하느님은 인간을 강요하지 않으시기 때문이다. 인간에게 섭리와 예정이 이루어지는 것은, 땅에 비와 햇빛이 내리는 것과 같지 않다. 그것은 인간의 능동적인 의지에 결부되어 있다. 이들은 의지를 요구하며, 의지에 의하여 자유롭게 되어 그 뜻에 다가갈 수 있게 된다. 또는 의지에 의하여 제약과 방해를 받게 된다.

이러한 측면에서도 하느님의 뜻은 위협을 받는다.

하느님의 전능하심과 강력한 의지가 전체적으로나 개별적으로나 결국에는 실현되리라는 것도 사실이다. 그러나 그것은 신비이며, 하느님의 거룩한 뜻과 함께 약함의 그림자 속으로 들어가 심판 날에 의화義化에 동참해야 하는 인간의 믿음에 대한 극심한 시련이기도 하다.

그러므로 그리스도인은 지극히 높은 것이며 만물의 목적이면서도, 이 현세 안에서는 가장 거룩한 것을 원할 때에 가장 약하게 보이는 그 하느님의 뜻을 염려한다.

그리스도인은 그 뜻에 대해 책임을 느끼며, 그 뜻을 위하여 일어선다. 누군가는 "하느님의 뜻의 위치가 이런 것이라면, 나는 하느님의 뜻이 이루어지도록 투신하겠다!"라고 스스로에게 말하는 것을 상상할지도 모른다.

하지만 깊이 생각해 보면, 이것이 그리스도교적인 정신을 거스르는 일임을 깨닫게 된다. 인간의 자기 의지는 하느님의 뜻을 대체할 수 없기 때문이다. 하느님의 뜻은 신비이며, 오직 은총을 통해서만 인간에 의해 이루어질 수 있다. 이 점 역시, 하느님의 뜻이 충분히 우리의 염려의 대상이 될 수 있는 숭고한 대상임을 전제하는 이 청원에서 분명하게 드러난다. 더군다나 이 청원은, 지극히 높으신 분의 뜻이 이 세상 안에서 위협을 받는다는 것을 내포한다. 그렇지 않다면 이에 대한 염려가 무의미할 것이다. 하지만 이 염려는 탄원을 통하여 하느님께 되돌아가게 되는데, 이는 그 뜻이 이루어지는 것이 우리에게 그 실현을 요구하시는 바로 그분에 의해서임을 뜻한다.

신비가 얼마나 촘촘하게 짜여 있는지 주목해 보자.

하느님 뜻의 신비로운 본성을 알고 있는 그리스도인의 염려는, 동시에 이 뜻이 바로 그 하느님의 은혜로운 선물에 의해서만 성취될 수 있다는 것을 안다. 그리스도인은, 그가 느끼는 염려가 하느님 자신의 마음 안에 살아 있는 첫 번째 원초적인 염려의 반향이라는 것을 안다. 그는 하느님이 당신께 소중한 그 당신의 뜻을 생명 없는 사물처럼 세상으로 보내시는 것이 아니라, 오히려 그 뜻을 당신의 능력으로 가득 채우신다는 것을 안다. 그는 하느님께서 갈망하시는 것은 사랑이며, 그분의 뜻은 그 성취를 가능하게 하는 능력을 지니고 온다는 것을 안다. 그리스도인은 하느님 뜻의 호소가 그 거룩한 뜻에 대해서나 그 뜻이 향하는 사람에 대해서나 은총과 사랑이 담긴 배려이며, 하느님의 영광과 인간의 구원은 하나라는 것을 안다.

그러므로 그리스도인은, 이러한 염려에서 그가 하느님과 하나가 된다는 것을 안다. 이 염려가 청원이 될 때, 그 청원은 스스로 하느님의 마음이 갈망하는 바로 그것을 청하고 있다는 한없는 확신을 지니게 된다.

하느님의 뜻은 명령이며, 언젠가 우리는 그에 따라 심판을 받을 것이다. 동시에 그것은 삶 전체의 의미이다. 그것은 지극히 높으신 분의 뜻이면서도 위협을 받고, 버림받기도 하며, 이 세상 안에서는 무력하게 보인다. 그것은 인간에게 전달되지만, 오직 하느님의 은총을 통해서만 성취된다. 그것은 최고선이어야 하는 것에 결부되며 그 최고선을 간절히 바란다. 그것은 인간의 책임이며 하느님의 지고한 엄위이다. 이 모든 것이 깊고 거룩한 신비 안에 함께 엮어진다.

그리스도인의 정신이 이것을 어떻게 체험하고 실현하는가 하는 것이, 우리가 그리스도인의 염려라고 부르려는 것이다.

이것이 우리가 찾았던 주님의 기도로 들어가는 문이며 그 안내자이다. 그것은 우리에게 주님의 기도의 풍요로움을 열어 보여 줄 것이다.

호칭

하늘에 계신
우리 아버지 I

Pater noster, qui es in cælis

앞의 묵상들에서 주님의 기도의 풍요로운 핵심으로 우리를 인도해 줄 입구를 찾았다. 이는 거기에서부터 시작해 전체를 더 잘 이해할 수 있기 위해서였다. 우리는 "아버지의 뜻이 …… 이루어지소서."라는 청원을 그 입구로 보았다. 우리는, 우리 삶 전체의 의미가 거기에 달려 있는 것인 하느님의 뜻이 이 세상 안에서 위협을 받는다는 것을 보았다. 또한 우리는, 하느님의 뜻이라는 지극히 높으면서도 지극히 약한 선에 대한 책임을 알고 있는 그리스도인의 염려를 보았다. 이 거룩한 뜻을 염려하는 그리스도인은 하느님과 함께 상호 간의 이해 안으로 들어간다.

이러한 통찰은 우리에게 주님의 기도의 풍요로움을 드러내 줄 것이다. 이제 여기에서 출발하여 각각의 청원의 의미를 파악하고자 한다. 청원들의 내용을 그 첫 번째 통찰로부터 도출해 내려 하는 것은 아니다. 우리는 가르침의 체계를 설정하려 하지 않는다. 하지만 하느님의 뜻이 이루어지기를 바라는 청원은 우리에게 하느님께서 당신의 은총으로 인간을 그곳으로 이끌고자 하시는 그 정신의 태도를, 그 생생한 관계를 보여 주었다. 여기에서 시작하여, 청원들은 차례로 우리에게 그 의미를 보여 줄 것이다.

이 기도는 "하늘에 계신 우리 아버지"라는 말로 시작된다. 이러한 말로써 주님의 기도는 얼굴과 눈길을 들어 다른 얼굴 곧 아버지의 얼굴을 찾고, 그 눈은 아버지의 눈을 만나고, 인간 마음의 움직임은 하느님의 마음으로 가는

길을 찾을 수 있게 된다.

이 호칭에 들어 있는 단어들 가운데 "하늘에 계신"이라는 부분은 따로 살펴볼 것이다. 우리는 그 말들에 대해 생각할 뿐 아니라 영 안에서 그것들을 살고자 한다. 말들은 선과 같다. 말들은 움직임이다. 그것은 마음의, 정신의 움직임이다. 그러므로 우리는 솟아 나와 이 호칭의 단어들 속에서 길을 찾는 그 움직임을 추적해 볼 것이다. 그 움직임이 우리를 붙잡고 인도하며 이끌어 가도록 내맡겨야 할 것이다.

첫째로, 거룩하고 신비로운 "분"이 있다. 종교적 감수성이 있는 사람이라면 누구나, 저 위에 있으면서 모든 것에 스며 있는 어떤 것을 의식한다. 우리 주변에는 사물들과 사람들, 집들과 길들, 시골과 산들이 있다. 우리의 의식은 그런 것들로 가득 차 있다. 이런 것들의 두드러지는 실재성은 우리를 거기에 몰두하게 한다. 하지만 우리의 내적 존재가 침잠하고 활성화되면(분명하게 또는 덜 분명하게, 강하게 또는 덜 강하게) 이러한 것들이 스스로 있는 것들이 아님을 감지하게 된다. 이 모든 것들은 다른 어떤 것을 가리켜 보인다. 사물과 사람, 집과 길, 시골과 산들, 그리고 살아 움직이는 모든 것들은 그들을 초월하는 어떤 것에 감싸여 있다. 이것은 신비로우면서도 친밀하다. 그것은 거룩한 것, 신적인 것이다. 우리는 인간의 삶과 섭리와 운명에 대해서도 같은 느낌을 갖는다. 모든 인간의 형태 안에, 모든 행위와 사건 안에, 초월적이고 모든 것에 스며 있으며 모든 것을 포괄하는 어떤 것이 있다. 어떤 연관이, 기준점이, 어떤 의미가 있다. 그것은 신적인 것이다.

하지만 주님의 기도의 말마디는 우리에게 이렇게 알려 준다.

우리가 접하는 것은 단순히 "신적인 것"이 아니다. 단순히 신비롭고 모든 것에 스며 있는 신성이 아니라, 어떤 존재이다. 단순히 우리가 느낄 수 있는 어떤 대상이 아니라, 우리가 말을 걸 수 있는 어떤 분이다. 단순히 우리를 건드리는 어떤 권위가 아니라, 우리가 바라보도록 부름받은 어떤 얼굴이다. 단순히 우리가 느낄 수 있는 것들 안에 있는 어떤 의미가 아니라, 우리가 향할 수 있는 어떤 마음이다. 이 신적인 것은 주 하느님이시고, 그분은 우리가 인격으로서 말을 걸 수 있는 존재이다.

 하지만 이 모든 것을 당연하게 여기지는 말아야 한다. 우리의 경험을 살펴보자. 이 거룩한 무엇인가의 무한성을 구체적인 하느님의 얼굴 모습으로 집약하는 것은 쉬운 일인가? 우리가 그분을 찾아내는 내적 시각을 의식하게 되는 것은 즉시 이루어지는가? 우리 정신의 기도와 우리 마음의 움직임이 그분께 이르고, 하느님께서 그것을 들으시고 받아들이셨다고 느끼며 그 자체를 응답으로 느끼는 것은 당연한 일인가? 이렇게 느끼는 이들은 그러한 선물

을 감사하고 소중히 여겨야 마땅하다. 그것은 큰 은총이기 때문이다. 대부분의 사람들은, 기도 중에 정의되지 않고 이해할 수 없는 것들 사이에서 확고한 발판을 찾는 것이 얼마나 어려운 일인지 알고 있다.

하지만 이 경험과는 별개로, 하느님이 우리가 말을 걸 수 있는 인격이라는 사실은 당연히 여길 것이 아니다. 그것은 하느님의 선물이다.

하느님이 먼저 우리를 부르셨다. 그분이 먼저 나에게 인격으로서 말을 걸어오셨다. 그럼으로써 그분은 나에게 나 자신의 얼굴을 주셨다. 그 얼굴의 본성은 하느님을 향하는 것이다. 그렇기 때문에 나는 하느님께 직접 말을 걸 때 내 편에서 그분의 얼굴을 찾을 수 있다.

그리고 이제 기도는 우리에게 그분을 향하여 인격으로서, "어떤 분"으로서 말을 걸고 직접 그분께 말씀드리라고 한다.

기도는 "하느님께 말을 걸고 싶으면 어느 장소로 가라. 그러면 거기에서 그분을 만날 것이다."라거나, "어떤 시간에 기다려라. 그러면 그분을 부를 수 있을 것이다."라거나, "이런 방법으로 하면 그분과 연락할 수 있을 것이다."라고 말하지 않는다. 반대로 주님의 기도는, "단순하게 하늘에 계신 그분을 부르면 너의 기도는 그분께 이를 것이다. 네가 어디에 있든지, 너의 말은 그분께 가 닿을 것이다. 어떤 시간이든지 너의 청원은 그분을 발견할 것이다. 네가 무엇을 겪든지, 무슨 일을 하든지, 너의 목소리는 위로 오를 수 있고 하느님께 도달할 것이다."라고 말한다.

이를 당연하게 여겨서는 안 된다. 그것은 결코 당연한 것이 아니다. 우리는, 말하자면 우리의 생각이 지상에 매여 있는 그만큼 그것을 당연하게 여긴다. 그러나 멈추어 서서 잘 살펴보면, 어디서나, 언제나, 무엇으로부터나 하느님께 가까이 갈 수 있다는 사실은 헤아릴 수 없이 놀라운 것이다. 올바로 그분을 부를 때 그 소리는 결코 길을 잃지 않으며, 언제나 그 목적지에 도달한다.

다음으로는 "하늘에 계신"이라는 말을 살펴보자. 하느님은 어디에나 계시다. 어떤 상황에나, 어느 순간에나 계시다. 하지만 하늘에 계시듯이 계시다. 하느님은 모든 것 안에 계시고, 모든 사물 안에 계시며 모든 사건 안에 계시다. 하지만 하늘에 계신 분으로서 계시다. 하느님은 홀로 당신 자신이신 분이다. '하늘'은 하느님의 접근 불가능성을 뜻한다. 그것은 존재하는 분이신 그분 자신에게 속하는 복되고 침범할 수 없는 자유이다.

우리는 우리 안에 하늘의 모형을 지니고 있다. 우리 안에 있는 무엇인가가, 천상적인 것이 어떤 것일지를 느낀다. 그것은 무한히 순수하고 거룩하고, 절대적으로 고요하고 감추어져 있다. 낯설면서도 친숙하고, 아름답고 복된 것이다. 그러나 이러한 암시는 불분명하며, 심미적이거나 감상적인 것으로 왜곡될 수 있다. "그리스도인이 되기로 정해진 영혼"이 참으로 갈망하는 것은 오직 그리스도의 말씀으로 실현된다. 그것은 영혼의 내밀한 곳으로부터, 자신의 존재와 그 지향의 깊은 곳으로부터 실현되는 것이다. '하늘'은 하느님의 타자성을 뜻한다. 그러나 이 타자성은 우리의 고향이고 거기에 "영원한 집들"[1]이 있다.

그러므로 "하늘에 계신"이라는 말은 우리 자신이 우리가 있는 그곳으로부터, 우리가 살고 있는 그 시간으로부터, 우리가 관계하고 있는 사물들로부터 출발한다는 것을 의미하고, 그러면서도 우리가 찾는 하느님은 하늘에 계시다는 것을, 곧 다른 모든 것들과 다르시다는 것을 의미한다. 하늘에 계신 하느님을 부를 때 우리는 땅으로부터 우리의 정신을 들어 높여야 한다. 우리는 하느님께 이 타자성을 내어 드려야 한다. 우리는 그분이 사물들이나 시간이나 우리와 같지 않으시다는 것을 인정해야 한다.

우리는 그분께 그분이 어떤 분이셔야 하는지 규정하는 것이 아니라, 그분이 스스로 어떤 분이신 것에 동의한다.

---

[1] 루카 16,9

그것이 우리가 그분을 찾는 방식이다. 우리는 그분이 우리의 기대와 다른, 신비롭고 알 수 없는 분이라는 사실을 받아들인다. 바로 그런 가운데 그분은 우리의 고향이 되시고, 그 안에서 "우리의 마음이 안식을 누린다".[2]

 그래서 우리는 감히 우리의 땅과 다른 하늘에 계신 하느님을 부른다. 우리는 지상적인 개념들로 묘사될 수 있는 하느님을 원하지 않는다. 하느님이 인간과, 사물과, 세상과 같으시기를 원하지 않는다. 그분을, 살아 계신 하느님을, "나는 있는 나"[3]라고 말씀하신 그분을 원한다. 그리스도교 사상의 중심은 참된 하느님을, 오직 그분을 체험하는 데에 있다.

 하지만 여기에서 우리는 사람들과 사물들에 대해서만

---

2 마태 11,29; 성 아우구스티누스, 《고백록》, 제1권 제1장
3 탈출 3,14

이 아니라 우리 자신에 대해서도 주의해야 할 점이 있다. 인간 본성은 하느님에 맞서 자신을 방어하려 한다. 이러한 방어의 가장 은밀한 형태는, 그 가장 비밀스러운 무기는 인간 본성이 하느님의 모상을 우리 자신의 모상과 유사하게 만들어 버리려 하는 경향이다. 그럼으로써 하느님을 위험하지 않게 만드는 것이다. 그렇게 한다면 진정한 대면은 더 이상 불가능하게 된다. 인간은 오직 구름 속에 투사된 자신의 모상만을 만나게 될 것이기 때문이다. 그때에는 살아 계신 하느님과 대화하는 것이 아니라 자기 자신과 대화하게 된다. 그러나 "하늘에 계신"이라는 단어는 "하느님, 저는 있는 그대로의 당신을 원합니다."라는 것을 뜻한다. 이 말을 할 때 그리스도인은, 말하자면 그 하느님을 자신의 삶 안으로 들어오시게 하는 모험을 한다. 그는 하느님, 타자, 헤아릴 수 없는 분이 들어오심으로써 자신의 삶을 방해하시도록 매일의 방향을 정하는 것이다.

호칭

하늘에 계신
우리 아버지 Ⅱ

Pater noster, qui es in cælis

어디에서 출발하여 올라가든, 우리의 부름은 하느님을 발견할 수 있다. 어디에서 출발하든 마음의 움직임은 하느님께로 올라가 그분께 도달할 수 있다. 여기에는 아무런 계획표가 없다. 우리는 언제라도 그분께 갈 수 있다. 미리 정해진 조건도 없다. 본성상 그 길을 열게 되어 있는 사건도 없고 닫게 되어 있는 사건도 없다. 어떤 일이 일어나든 우리가 무엇을 하든, 어디에서부터이든지, 하느님께로 가는 길이 있다. 이것은 훌륭하고 행복한 생각이고, 이를 온전히 깨닫기 위해서는 하느님으로부터 분리되는 비참함을 겪어 보는 것이 필요하다.

하지만 이 모든 것은 주님의 기도의 첫 호칭을 충분히

다 설명하지 못한다.

 어디에서부터든지 하느님께로 가는 길이 있다. 좋다. 하지만 우리가 스스로 그 길을 가고 있다고 생각할 때, 자신이 그 길에 들어서 있음을 확신할 수 있는가?

 신심 깊고 고결하고 고귀한 이들을 포함한 수많은 사람들이, 신적인 것이 여러 종류의 신들 안에 여러 형태로 머물러 있다고 확신했다. 우리의 역사가 많은 것을 빚지고 있는 그리스인들을 생각해 보면 이를 쉽게 알 수 있다. 그들은 아마도 다른 어떤 민족보다 신심이 깊었고 뛰어난 재능을 갖고 있었겠지만, 많은 신들에게 기도했다. 최고 통치자인 제우스에게, 모든 지혜롭고 아름다운 것의 여신인 아테나에게, 신비롭고 풍요로운 땅의 신들에게 기도했다. 우리는 이것을 하찮게 여기지 말아야 한다. 사람들이 흔히 하듯이 그들을 "불쌍한 이교인들"이라고 말하면, 그렇게 말하는 사람이 독선적으로 자신의 정통성을 주장하면서 어떻게 다른 사람들은 그렇게도 말이 안 되는 것을 믿을 수 있는지 의아하게 여긴다면, 교만하고도 어리석은 일이다. 인간의 가장 내밀한 본성 안에는(그리고 사물들과 종교 자체의 가장 내밀한 본성 안에는) 경건한 이들에게 '신들'을 설정하게 만들 수 있는 어떤 무엇이 있다. 실상 그것은 특별한 유혹이 된다. 그것이 어떤 종교적 가능성들의 시작점이 되기 때문이다.

이러한 생각을 너무 경멸하고 무시하지 않는 것이 좋다. 유럽이 다시 다른 신들을 경배하게 되지 않으리라는 보장이 어디 있는가? 그리고 분명히, 그 신들은 고대의 신들과는 상당히 다를 것이다.

또 다른 민족들은 신들을 정의할 수 없고 만질 수 없는 것으로 생각했다. 신들은 만물에 스며 있는 신비로운 존재, 모든 것의 기원인 신비로운 제일 원인, 만물에 내재하는 비밀스러운 의미로 여겨졌다. 신에 대하여 이렇게 범신론적인 방식으로 비인격적이며 모든 것을 알고 있는 존재로 여기며 불분명한 경외심과 동경으로 그 신을 공경했던 이들은, 열등하거나 불경한 이들이 아니었다. 세상의 본성 안에, 사물의 본질 안에, 인간 영혼 깊은 곳 안에는 인간을 그러한 시각으로 이끌고 그러한 신심의 형태로 응답하게 하는 무엇인가가 있다.

한편 신을 세상과는 아무 관련이 없는 아주 먼 존재로 생각하는 이들도 있었다. 그 신은 오직 무한히 멀리서만 경배할 수 있는 최고 존재이며, 어떤 기도도 어떤 친밀함도 어떤 사랑도 그 신에게 가 닿을 수 없고 어떤 결합도 있을 수 없다.

오류에 빠진 종교적 움직임에는 그 밖에도 다른 많은 형태들이 있다.

그러므로 우리는, 마음의 종교적 움직임이 그릇된 길을 갈 수 있음을 보게 된다. 그릇된 하느님 표상을 향할 수도 있다. 하느님의 살아 있는 실재를 위조할 수 있는 가능성은 우연에서 또는 순전한 어리석음에서 나오는 것이 아니다. 오히려 그것은 사물들로부터, 그리고 인간 자신의 본질적인 본성으로부터 나온다. 이들은 실제적인 감정적 충동의 그릇된 오해이다. 아무렇게나 생겨난 오해가 아니라, 자신의 방향을 확실히 찾지 못하고 잘못된 곳으로 나아가는 인간 마음을 몰고 가는 거센 힘들이다. 이 해석들은 왜곡과 전복을 가져올 뿐만 아니라, 위대한 인성과 고귀한 열망이 생겨나게 하기도 한다. 모든 민족은 하느님을 향한 길에서 잘못하고 그릇된 하느님 상을 만들 수 있는 자신의 고유한 위험들을 갖고 있다. 모든 개인들 역시 그러하다. 그 위험은 개인의 성격, 그들 각자가 겪은 실패들, 그리고 또한 그들의 강점들에서 나온다.

주님의 기도는 "올바른" 하느님을 향한 길을 가리켜 보인다. 그 기도는 "그분께 이르고자 한다면, 이렇게 기도하라고 너에게 가르쳐 주신 그분을 통하여 찾아야 한다. 그분께 가야 하고, 그다음에 그분과 함께 하느님께 가야 한다."라고 말한다. 바오로는 "우리 주 예수 그리스도의 아버지 하느님"[1]이라고 말한다. 우리가 하느님을 발견하고자 한다면 우리 마음과 정신의 움직임은 하느님에 대해서, 예수님이 하느님에 대해 말씀하실 때에 그분이 생각하시는 것처럼 생각해야 할 것이다. 우리 마음은 예수님이 당신 아버지께 말씀하실 때에 향하시는 그분을 향해야 한다. 예수님과 함께, 예수님을 통하여 그 목적지를 찾아야 한다. 그분은 "나를 통하지 않고서는 아무도 아버지께 갈 수 없다."[2]라고 말씀하셨다.

그러므로 우리가 하느님이 누구이신지 묻는다면 그 대답은, 예수님께서 당신 아버지께 말씀하실 때 그분이 함께 대화하신 분이시라는 것이다. 하느님이 어떤 분이신지

---

1 콜로 1,3; 1베드 1,3
2 요한 14,6

묻는다면 그 대답은, 그분은 예수님이 당신의 존재와 행위 안에서 어떤 분이신지 계시하신 그분이시라는 것이다. "나를 본 사람은 곧 아버지를 뵌 것이다."[3]

이것은 자명하지 않으며, 이에 따라 행동하는 것이 늘 쉬운 것도 아니다.

어떤 이들은 그리스도교가 마음의 넓은 흐름을 좁혀 놓았다고 불평한다. 인간이 오직 한 분 그리스도를 통해서 가도록 만들었으며, 그리스도로부터 오는 특징을 지니도록 강요했다는 것이다. 그들은 이로써 종교적 체험의 독창성이 마비되었고, 자유롭고 풍부한 형태들이 획일적이고 단조롭게 되었다고 주장한다. 이러한 주장에는 대답이 필요하다. 종교적 감정이, 만나게 되는 모든 것이 선한

---

3 요한 14,9

것이라고 믿으며 자기 나름의 길을 가면 안 될 이유가 무엇인가? 하느님의 표상, 나의 하느님 개념이 나의 본성과 나의 운명이 명하는 대로 나를 만나도록 허락되지 말아야 할 이유가 있는가? 그리스도께서는 대답하신다. 네가 길을 잃어버릴 수 있고, 잘못된 하느님 상에 이를 수 있기 때문이라고. 네가 하느님이라고 믿는 것이 그저 자신에 대한 찬양이거나 어둠의 힘에 대한 실망일 수도 있다고.

앞서 말했던 잘못된 하느님 상은, 그것이 비록 대단하게 보일 수 있다 하더라도, 그 아래에 어둠과 악, 폐허와 파괴가 깔려 있다.

주님의 기도가 보여 주는 하느님은 "아버지"라고 일컬어진다. 우리는 하느님의 실재에 대한 그리스도인의 염려에 대해 말했다. 이러한 그리스도인의 염려는 아버지에 대해 말할 때 그것이 올바른 아버지를 뜻하는 것인지 여

부에 대해서도 주의를 기울인다. 거짓된 아버지도 있기 때문이다.

모든 서방 민족들의 고대 종교들에는 천상 아버지가 있었다. 그 아버지는 모든 것을 포괄하고 비추며 활성화하는 하늘의 통치자 신이다. 그리스인들은 그를 제우스라고 불렀고 로마인들은 유피테르라고 불렀고, 고대 게르만인들은 보탄이라고 불렀다. 이들은 서로 다른 각 민족의 사고 습관에 따라 서로 다른 형태를 지니지만, 언제나 동일한 부성적 힘을 가지고 저 높은 곳의 옥좌에서 통치한다. 그렇지만 그리스도께서 하늘에 계신 아버지라고 말씀하실 때 뜻하시는 것은 그와는 상당히 다르다.

그것은 우주 안에서 모든 것을 포괄하고 모든 것에 스며드는 강력한 선성으로 감지될 수 있는 어떤 것을 말하는 것이 아니다. 그런 느낌은 시간이 지나면 공포와 차가운 무관심의 인상으로 바뀔 수 있다. 그렇다고 위에서부터 지배하고 창조하고 빛을 비추는 찬란한 능력도 아니다. 그런 능력은 그와 대비되는 어둡고 수용적인 능력에 반대되는 것이다.

예수님이 말씀하시는 것은 그와 다르다. 전능한 통치자이며 세상을 만드신 분, 인간의 창조자이며 주님이신 하느님께서는 당신 피조물을 당신 자녀가 되게 하고자 하셨다. 그분이 우리 아버지이신 것은 그분의 본성에 의해서가 아니다. 그분은 시간이 시작되기 이전에 내려진 그분의 은혜로운(진정 신적인) 결정에 의해서 우리 아버지가 되셨다. 그리스도께서 오실 때에 그분은 당신 피조물에게 "너는 내 아들, 너는 내 딸이 될 것"[4]이라고 말씀하셨다. 경건한 신자는 자신의 존재에 의해서 또는 필연성에 의해서가 아니라 맺어진 계약에 의해서 하느님의 아들딸이 된다. 동시에 이것은, 시간이 시작되기 전에 하느님의 간절한 사랑이 피조물 안에 넣어 주신 완성과 완전을 추구하는 의지의 신비가 실현되는 것이다.

그러므로 내가 하느님의 자녀로서 하느님께 다가가 그

---

4 시편 2,7 참조

분을 "아버지"라고 부를 때 그것은 신성에 대한 범신론적인 감각이나 무엇에 감싸인 느낌 때문이 아니라, 내가 그리스도의 말씀을 믿기 때문이다.

이 말들을 놀랍게 여기고 스스로 "어떻게 창조자이신 주님이 나에게 말씀하시고 나를 '내 아들'이라고 부르신다는 것이 가능할까?"라고 묻는 것은 옳은 일이다. 나는 그분께 이렇게 기도할 것이다. "제가 당신의 아들임을, 제가 당신의 딸임을 깨닫도록 저를 가르쳐 주십시오. 당신으로부터, 그리고 저를 당신 자녀가 되게 하신 세례 때에 당신께서 제 안에서 이루신 것으로부터 이것을 깨닫도록 가르쳐 주십시오."

우리가 하느님께 "아버지"라고 말할 수 있다는 것은 우리의 본성과 존재에 속하지 않는다. 그분께서 우리를 그렇게 만드신 것은 그분의 은총에 의해서이다. 이것을 마음 안에 생생하게 기억하는 사람은 복되다. 그런 사람은 감사하며 이 생각을 소중히 간직할 일이다. 그러나 많은 이들은 이를 분명하게 확신하지 못한다. 또는, 아직 거기에까지 이르지 못했다. 그러므로 그리스도인으로서 우리는 하느님의 부성이라는 신비가 순수하게 간직되고 다른 어떤 것과 뒤섞이지 않도록 마음을 기울여야 한다. 우리 신앙의 이 가장 심오하고 거룩한 조목이 희미해지거나 변조되는 것보다는, 우리가 이해할 수 없는 것에 대하여 계속 놀라워하고 경탄하며 하느님을 아버지라고 부르는 법을 예수님의 마음으로부터 배우려고 힘들여 애쓰는 편이 좋다.

마음이 자신의 성향을 따르도록 하는 편이 더 쉬울 수도 있다. 하늘의 아버지를 생각하면서 여름 풍경 속의 먼 하늘을 떠올리거나, 안전하게 보호받는 어떤 느낌으로부터 무엇인가를 추측해 내려 하는 것이 더 쉬운 길일 수 있다. 그러나 주님의 기도는 우리에게, 주의하라고 일깨워 준다. 우리가 하느님의 자녀가 되는 것은 본성적 세계의 통합에 의해서가 아니라 은총과 신앙에 의해서이다.

그러나 신앙은 복된 확신일 뿐만 아니라 또한 연습이고 자신에 대한 정복이기도 하다. 하느님을 아버지라고 부르는 것은 배워야 하는 것이다. 그것은 그리스도의 태도로부터 배워야 한다. 그분 자신이 "아버지"라고 말씀하시는 방식으로부터 배워야 한다. 그분은 당신의 비유와 설교로 우리에게 하느님을 "아버지"라고 부르도록 이끌어 주신다. 우리는 마음의 태도를 이 가르침에 맞추어야 하고, 그 다음에 그것이 가장 내밀한 영혼의 움직임을 인도하도록 해야 한다.

이러한 연습으로 마음이 가르침을 받음으로써, 아버지에 대한 자녀의 그리스도교적인 태도는(더 정확히 말한다면, 아버지에 대한 아들 또는 딸의 태도는) 점차 성장한다. 이러한 배움을 통하여 우리는 하느님의 아들딸들로서 성장한다. 우리는 어른스러운 삶의 온전한 성숙으로 성장한다. 하느님께서 당신을 이해하도록 부르신 이들의 힘과 키에 이르게 되고, 하느님의 거룩하신 뜻에 대한 그리스도인의 염려가 그분의 전능하심과 결합되는 그 일치에 이르게 된다.

이것은 매우 중대한 태도를 생겨나게 한다. 그것은 본성에서 나오는 것이 아니라 개인의 진솔함과 굳건함에서 나온다. 희미하고 시적인 느낌에서 나오는 것이 아니라 신앙의 명시성과 책임에서 나온다. 또한 편협함과 강요, 주의와 노력에서 시작된 것도 점차 새로운 자유로 변화된다. 그것은 살아 계신 하느님, 우리 주 예수 그리스도의 아버지를 만나는 데에서 나오는 정신과 마음의 자유이다.

하지만 주님의 기도를 시작하는 호칭에는 또 다른 한 단어가 있다. 그것은 '우리'라는 단어이다. 우리는 주님의 기도에서 아버지께로 올 때 우리와 함께 있는 다른 이들을 향하게 되는 것이다.

다시 한번 우리 안에서는 거부감이 일어난다. 언제나

다른 사람들과 함께 있어야 하는 것일까? 나는 언제나 군중들 속에 있어야 하는가? 결국, 나는 나 자신이다. 나는 나 자신의 권리로 존재한다. 내가 나 자신이 아니라면 도대체 어떻게 되겠는가? 분명 분리된 존재라는 것은 인격의 필수적 본성이다. 내가 하느님께 온다는 것은 결국 나 자신에게 오는 것인데, 어떻게 거기에서 다른 사람들이 나와 상관이 있을 수 있는가? "세상이 망하더라도, 하느님과 나의 영혼이 중요하다."라는 말은 지금도 타당한 것이 아니었던가?

주님의 기도는 경고로 답한다. 그것은 우리에게, 자신에 대한 그리고 자신의 유일함에 대한 의식이 이교적일 수 있다고 일깨운다. "지고의 개인"은 존재하지 않는다. 참으로 지고한 위격은 하느님뿐이다. 이와 달리 인간은 사회적 존재로서만, 모든 동료들과 함께 있음으로써만 존재한다. 그는 말과 행위의 교환 안에서, 그리고 죄와 운명의 단일성에서 그들과 통합된다. 주님의 기도는 우리에게, 근대의 과장된 개인의식이 손실이라는 것을 분명히 보여 준다. "개인"과 "인간 인격"을 점점 더 강조하는 것은, 처음에는 부지불식간에 그리고 나중에는 점점 더 분명하게, 신적 위격의 표상과 그 차원을 차지하게 되었기 때문이다.

"나의 아버지"라고 하지 않고 "우리 아버지"라고 할 때 우리는 이 모든 것을 거부하며, 창조된 인간의 공동체가 이론의 여지가 없는 것임을 증언한다. 풀 수 없이 그리고 나의 본성에 의해서 나는 사람들 사이에 있는 한 사람이다. 그러나 은총으로, 나는 "많은 형제 가운데"[5] 한 그리스도인으로서 죄와 구원의 공동체 안에서, 그리스도의 신비체의 일치 안에서, "아무도 수를 셀 수 없을 만큼 큰 무리"[6]가 살게 될 영원한 생명에 대한 기대 안에서 다른 이들 모두와 결합되어 있다. 그러므로 기도할 때에 나는 명시적으로든 아니면 나의 접근 방법에 있어서이든 동료들을 그 기도에 포함시켜야 한다.

---

5 로마 8,29
6 묵시 7,9

─◆─

하지만 위에서 말한 이의는 완전히 잘못된 것인가? 그 가운데 어떤 부분은 이미 설명되었다. 그 이의는 그리스도인 인격의 유일성에 대한 염려에서 나온 것이었다.

하느님은 집단 속의 인간에게 말씀하지 않으셨다. 그분은 모인 군중을 싸잡아 당신 자녀라고 부르지 않으신다. 우리를 군중으로 바라보지 않으신다. 그분은 각 개인에게, 각 개별 인격에게 말씀하신다. 그리고 그분은 절대적으로 한 사람 한 사람을 위하여 계신다. 하느님은 절대적으로 그리고 완전하게 나를 위하여 계신다. 그분은 그분의 전 존재로 나를 향하신다. 그분은 칸을 나누지 않으신다. 그분은 나를 향하시고, 누구에게나 적용할 수 있는 계획에 따라서가 아니라 나에 대한 특별한 관심으로 온전히 나를 향하신다. 솔직하게 모든 교만을 내려놓을 때도, 나는 유일함에 대한 나의 주장을 포기할 수는 없다. 그분의 유일한 위격은 나의 가장 개별적인 자아를 향하신다.

이 인간적인 자아가 온전히 그리고 모든 것에서 하느님으로부터 오는 선물이지만 말이다.

그러므로 내가 그분께 다가갈 때 나는 나의 복제품은 없다는 것을 알고, 유일한 자아로서 그분을 향한다. 그리고 내가 하느님께 말씀드리는 나의 말은 다른 누군가에 의해서 말해지는 것이 아니다. 그분께서 나에게 주시는 것은 오직 나에게만 주어지는 것이기 때문이다. 그분과 나 사이에는 배타성이 있고, 다른 누구도 들어올 수 없는 비밀이 있다. 그리스도교 세계 안에서 아주 초기부터 오늘날까지 사람들이 말해 온 "세상이 망하더라도, 하느님과 나의 영혼이 중요하다."라는 말은 지금도 타당하다. "승리하는 사람에게는 …… 흰 돌도 주겠다. 그 돌에는 그것을 받는 사람 말고는 아무도 모르는 새 이름이 새겨져 있다."[7]라는 요한 묵시록의 예언은 이를 확인해 준다.

그것은 참되다. 친교가 참된 만큼 참되다. 인격으로서

---

7 묵시 2,17

의 자연권에 대한 교만한 주장을 무너뜨리는 바로 그 겸손이, 동시에 오직 하느님과 맺게 되는 한 인격의 유일한 관계를 의식하게 하는 기초가 된다. 그러나 그 과정에서 친교 자체가 변화된다. 주님의 기도에서 내가 하느님과 맺는 친교는 더 이상 집단의 친교가 아니다. 나는 무차별적 다수의 일부 또는 입자에 불과한 것이 아니다.

실상 모든 시대와 민족들을 거치면서 "아무도 수를 셀 수 없을 만큼 큰 무리"의 하느님의 자녀들이 있지만("모든 형제들"[8]) 그들 각자는 자신의 유일함과, 아버지와의 개별적 관계라는 신비 안에 서 있다. 그러므로 그리스도인의 복수형은 동일한 본성을 공유하는 종의 개념과도 다르고 단순한 다수성과도 상당히 다른 무엇을 나타낸다. 그리스도인의 "우리" 안에는 일치와 차이, 동반과 개별적 품위, 친밀한 연합과 각자의 사적 영역이 있다.

---

8 사도 15,3

첫 번째 청원

아버지의 이름이 거룩히 빛나시며

Sanctificetur
nomen tuum

첫 번째 고찰에서 우리는 주님의 기도에 담긴 생각의 짜임과 영적인 태도로 들어가는 문을 찾았고, 그 문이 아버지의 뜻이 이루어지기를 청하는 청원에, 하느님께 속하는 것에 대한 그리스도인의 염려에, 그리고 그가 이 염려를 통해서 하느님과 협력한다는 데에 있다고 보았다. 더 나아가서 기도의 움직임이 누구를 향하는가를 분명히 했다. 그것은 하늘에 계신 신적 위격을 향한다. 그리고 우리는 그 길이 그리스도를 통해서 간다는 것, 그리스도께서 아버지라고 부르시는 분이 우리의 기도가 향해야 하는 분이라는 것을 보았다.

이제 "아버지의 이름이 거룩히 빛나시며"라는 첫 번째

청원을 시작해 보자.

───◆───

　이 청원은 하느님의 이름, 곧 한 단어에 관련된다. 하지만 한 단어가 무엇을 의미하는가를 더 주의 깊게 살펴보면, 우리는 아주 깊은 곳으로 뛰어들게 된다.

　단어는 소리, 공기의 진동, 입술과 목의 움직임으로 형성된다. 하지만 이 설명은 가장 외적인 측면만을 묘사한 것이다. "단어"는 여러 층으로 되어 있다. 그것은 정신과 영혼을 지닌 몸이다. "정신"은 소리 형태가 전달하는 의미이고, 그 단어에서 사람들이 생각하고 표현한 개념들의 연합이다. "영혼"은 그것이 마음 안에서 일으키는 응답이다. 물리적인 것과 정신적인 것의 이러한 결합에서, 모든 단어는 보편적으로 적용되는 일반적인 의미와 더 좁게 제한되는 특수한 의미, 그리고 마지막으로 그 단어를 한 개인만의 소유물이 되게 하는 가장 제한된 의미를 지닌다.

단어는 정말 덧없이 지나간다. 한순간에는 없었다가, 발설되고 존재하게 되며, 즉시 희미해지고 사라진다. 하지만 더 자세히 살펴보면, 그렇지 않다는 것을 알게 된다. '나무', '책', '우정'이라는 단어들은 내가 발설하기 전에도 존재했다. 내가 그것을 만들어 낸 것이 아니다. 내가 태어나기 전에도 그 단어들은 이미 거기에 있었다. 나는 부모님과 선생님들에게서 그 단어들을 배웠다. 단어들과 그 조합, 즉 말은 개인이 발설하는 것일 뿐만 아니라 그의 가장 내밀한 존재의 표현이기도 하다.

또한 그것은 살아 있는 상징이고, 의미가 가득한 형태들이며, 그 안에서 존재는 들리는 것이 된다. 우리의 실존은 그 안으로 부름을 받아 가지적인 것이 되며, 또한 그 단어의 형태들에 의하여 형성된다. 우리가 단어들을 형성하고, 단어들은 우리를 형성한다. 우리는 우리의 언어이다. 그것은 마치 분리된 실존을 갖고 있어서 우리와 마주치고 우리를 우리 자신이 되게 하는 듯하다.

언어는 세계를, 질서를 형성하고 개인은 그 안으로 태

어나며 그 안에서 살아간다. 언어는 개인을 감싸고 그에게 스며들며 그를 형성한다. 단어들은 우리의 가장 깊은 존재에까지 내려간다. 우리는 단어들로 말을 할 뿐만 아니라, 단어들로 생각을 한다. 이를 자세히 살펴보면 우리는, 우리의 생각들이 처음 생겨날 때부터 단어들을 입고 있음을 깨닫게 된다. 실상 우리는 오직 말을 통해서 생각을 할 수 있고, 다른 길은 없다. 우리 존재의 뿌리에서부터 우리는 단어들 속에서 살아가며, 단어들에 의하여 지금의 우리가 되었다. 단어들은 우리의 삶이 달려가는 철로이고, 우리 실존의 형태이다. 단어들은 한순간에 사라지는 형태이면서도 강하다. 단어들은 믿을 수 없는 강한 힘으로 자신을 주장한다. 민족들은 오래전에 죽어 없어졌을지라도, 그들의 언어는 아직 남아 있을 수 있다. 도시는 파괴되고 그 건설자들은 잊혔고 그 안에는 삶의 흔적도 없을 수 있지만, 이름들은 남아 있을 수 있다.

단어들은 능력이다. 태풍처럼 다가와서 사람들을 그들이 익숙하게 살아온 방식들에서 떼어 놓고, 그들을 높은 곳으로 이끈다. 단어들은 불꽃처럼 영혼에 떨어져 그들이 위대한 일을 하도록 그들을 불렀고, 창조적인 깊이를 해방시켜 거기에서부터 위대한 업적이 이루어지게 한다. 단어들은 인간을 자유롭게 하고, 힘을 주고, 신뢰를 일깨우고, 기쁨을 주었다. 단어들은 상처를 입기도 했다. 타격을 입고 갈고리처럼 휘어지기도 했고, 독이 들어가거나 파괴되기도 했다.

그런데 인류의 모든 언어에는 최고 존재를 지칭하는 단어가 있다. 모든 것이 그로부터 오고, 모든 것이 그에게 돌아간다. 그는 만물에 의미를 부여하고, 만물이 그를 향한다. 그 단어는 '하느님'이다. 이 단어는 어떤 역사적 인간에 의해서 고안된 것이 아니며, 그것이 표현하는 개념과 함께 낙원에서부터 인간과 함께 있었고 지금은 다른 단어들과 함께 그의 말의 일부가 되어 그를 일깨우고 움직이고 가르치고 인도한다고 일컬어진다. 이러한 이야기에는 깊은 사상이 담겨 있다.

그러나 이 단어에 매우 특별한 일이 일어났다. 인류 역사의 어느 시점에 하느님은 인간을 부르시고 그에게 당신 자신을 계시하셨다. 그분은 아브라함, 성조들, 모세에게 말씀하셨다. 그분은 당신의 신적 자유 안에서 오시어 인간을 부르시는 역사의 주님으로 당신 자신을 인간에게 계시하셨다. 그분은 인간과 계약을 맺으셨다. 그분은 '하느님'이라는 단어를 당신의 것으로 삼으셨고 우리가 다른 "이름들"에 대해 말할 때 생각하는 것과는 다른 방식으로 그것을 당신의 이름으로 삼으셨다. '이름'이라는 말로 우리는 이것 또는 이 사람에게 속하는 단어를 의미한다. 이 나라 또는 이 사람은 다른 이들과 구별된다. 하지만 그것이 '이름'의 본래 의미는 아니다. '이름'의 본래 의미는 단순한 지칭 이상의 무엇을 뜻한다. 그것은 지명된 사람의 본질적 특성을 나타낸다. 이름은 신비롭다. 그것은 그 이름을 지닌 사람 자신을 대신한다.

이 신비로운 이름은 사람들과 사물의 경우에는 희미함 속에 머물러 있지만, 하느님은 그 이름을 봉인하여 당신 자신을 위해 정해 두셨다. 말하자면 그분 자신이 당신 이름 안으로 들어가셨다. 이제 그분은 당신 이름 안에 머무신다. 그분이 성전에 대해 "이곳에 내 이름을 영원히 있게 하겠다."[1]라고 말씀하실 때 그것은 "내가 그곳에 있겠다."라는 뜻이다. 그리고 "당신의 이름이 제 위에 불렸다."[2]라고 할 때 그것은 "당신께서 부르셨습니다. 당신께서 저를 향하시고, 저에게 오셨습니다."라는 뜻이다. 하느님의 이름이 왔고, 다른 단어들과 결합되었고 언어의 한 부분이 되었다. 하느님의 이름이, 그리고 그 이름과 더불어 하느님 자신이 인간 역사 한가운데에 서 계시다. 그것이 표상 세계, 곧 사람들을 사로잡고 그들 위에 자취를 남기는 언어의 한 부분이 되었다. 그것이 인간 안으로 들어와 그 안에서 작용하고, 그의 존재의 뿌리에 바로 가 닿는다.

하지만 하느님의 계명은, 그분의 이름을 헛되이 부르지 않도록 명했다. 하느님의 거룩한 이름에 대한 공경은 유다인들 안에 살아 있었고 그들을 특징지었다. 하느님께서

---

[1] 2역대 7,16
[2] 예레 15,16 (우리말 번역은 "제가 당신의 것이라 불리기 때문입니다."이다.)

그 안에 머무시는 이 이름은, 말하자면 인간의 언어 안에서는 그것을 모독할까 하는 염려 때문에 두려운 것이 되었고 그래서 아무도 그 이름을 발설할 수 없게 되었으며, "주님"이라는 다른 이름으로 대체되었다.

하느님이 그 안에 거처하기로 하신 그분의 이름은 이렇게 세상 안에 있다.

이 당신의 이름 안에서 하느님은 인간의 언어를 통해서, 인간의 마음과 입과 운명을 통해서 움직이신다. 그리고 그 거룩한 이름은 모든 단어들과 같은 운명을 겪는다. 그것은 덧없이 지나가고, 삶의 변천에 내맡겨져 있다. 그것은 강력하여, 작용하고 형성한다. 그것은 공경을 받고, 남용되기도 한다. 존경과 흠숭의 대상이 되기도 하지만 저주의 도구가 되기도 한다. 기도와 축복에서 언급되기도 하지만 생각 없이 신성을 모독하며, 의문을 품고, 파괴적으로 사용되기도 한다. 정말 그렇다. 이 거룩한 이름은 사람들 사이에서 그림자처럼 돌아다니기에 이르기까지 했다. 어떤 이들은 "아이고, 하느님!"이라거나 "네, 하느님!"이라고 말을 하지만 그에게 "하느님을 믿으십니까?"라고 물으면 "글쎄요, 정말 믿는 것은 아니지만 그냥 믿는다고 말할 수도 있겠지요."라고 대답할 것이다. 그래서 하느님의 이름은 인간의 말들 사이에서 유령처럼, 낯선 땅의 모르는 사람처럼 의미 없이 떠돌아다닌다.

그래서 이제 우리는 주님의 기도에서, 하느님의 이름에 대해서 우리에게 어떤 의무가 있다는 것을 깨달으라는 권고를 받게 된다.

이는 단순히 그 이름을 존중해야 한다는 것만을 뜻하지 않는다. 그것은 실상 그 이름을 돌보아야 함을 뜻한다. 당신은 그 이름이 얼마나 거룩하고, 얼마나 힘이 있는지, 얼마나 집이 없고, 얼마나 버림받는지를 인식해야 한다. 우리는 그것을 돌보아야 한다. 더구나 믿음을 가진 이들에게만 가능한 방식으로 말이다. 다시 말하면 하느님과 함께 그리고 그분의 동의로, 그분의 이름이 느껴지게 되기를, 사람들의 마음 안에서 그 이름이 자리를 찾기를, 사람들 사이에서 거룩하게 여겨지기를 그분께서 허락해 주시기를 청함으로써 그 이름을 돌보아야 하는 것이다.

그것은 어떻게 이루어져야 하는가?

그 이름을 사용할 때 신성 모독이 아니라 경외심을 가지고, 의심이 아니라 신앙으로, 저주가 아니라 축복으로, 파괴적이 아니라 건설적으로, 경솔한 것이 아니라 진지하게, 악한 생각이 아니라 선한 생각으로 사용함으로써 이루어진다.

그러나 그것이 전부는 아니다. 이 마지막 권고를 표현하려면 하느님의 이름이 "거룩히 빛나야" 한다는 말을 되풀이할 수밖에 없다. 신성함은 포괄적이기 때문이다. 우리는 그것을 넘어서까지 파고들어 갈 수는 없다. 우리는 다만 그것을 느끼고, 동의하고, 숨쉬거나 아니면 그것에 저항할 수 있을 뿐이다. 하느님의 이름은 거룩하다. 그것은 그분의 살아 있는 존재의 특수한 성격을 나타낸다. 그분께만 고유한 모든 것, 신비롭고 파악할 수 없고 범접할 수 없는 것을 나타낸다. 우리의 마지막 본향의 친숙함을, 그리고 우리가 절대적이고 형언할 수 없고 헤아릴 수 없는 것인 하느님의 자아 자체를 표현하기 위해 말할 수 있는 모든 것을 나타낸다. 이것이 우리가 거룩히 빛나도록 해야 하는 것이다. 우리는 거룩한 것에 부응하고 거룩함에 응답하는 자세와 태도를 익혀야 한다. 이 신성함에 대한 깊고 부드럽고 내적이고 강한 감각으로, 우리는 내면에서 하느님의 이름을 받아들인다. 우리의 마음 안에서 우리는 이 거룩한 이름 앞에서 무릎을 꿇고 그 이름 둘레에서 손을 모으며 그 이름을 돌봄으로써 그 이름이 버려지고 거부당하지 않도록 우리의 몫을 해야 한다.

이것은 온전히 신적인 관심사이고, 우리를 거룩하게 만들 수 있다. 그 이름은 우리 안에서 어떤 힘이 된다. 그것은 우리 안에 스며들고 우리를 변모시킬 수 있다. 그래서 주님의 기도에서 우리는 이 신비가 우리에게 계시되기를 기도한다.

> 제 안에 저의 일용할 양식, 제가 사랑하는 이들, 저의 일, 가치 있고 중요한 모든 것에 대한 관심을 일깨워 주십시오. 그러나 무엇보다, 당신과 당신 것에 대한, 당신의 거룩한 이름과 그 영광에 대한 관심을 일깨워 주십시오. 그리고 이러한 관심에 있어, 저를 당신과 한마음 한뜻이 되게 해 주십시오.

그리스도인이 된다는 것이 무엇을 의미하는지, 여기에서 얼마나 분명히 알려 주는가! 십계명 가운데 둘째 계명은 우리에게 하느님의 이름을 헛되이 부르지 못하게 한다. 그것은 율법이었고, 율법을 받은 백성은 그것을 통하여 하느님의 가르침을 받았다. 그 후에 그리스도께서 오셨고, 우리가 지금 고찰하는 주님의 기도의 이 청원에서, 그분을 통하여 우리에게 오게 된 새로운 삶이 분명히 드러났다. 율법에서와 마찬가지로 여기에서도 문제는 하느님 이름의 거룩함이다. 그러나 그분은 하느님께서 우리에게 바라시는 것을 율법으로 말씀하지 않으시고, 인간에게 고귀하고 거룩한 어떤 것에 대한 염려를 맡기신다. 이로써 인간은 하느님 바로 그분과 협력하도록 부름받는다.

두 번째 청원

아버지의 나라가 오시며

Adveniat
regnum tuum

주님의 기도의 두 번째 청원은 우리를 예수님의 마음에 가장 가까이 있는 핵심 안으로 이끈다. 가장 일반적으로 사용되는 형태의 주님의 기도에서는 "아버지의 나라가 오소서."라고 되어 있지만, 이것은 단어들을 아주 정확하게 옮긴 것은 아니다. 정확히 말한다면 "당신의 나라가 도래하기를!" 또는 "당신의 나라가 오기를!"이 될 것이다. 이렇게 말한다면 우리는 그 생생한 의미를 달리 느끼게 된다. 거기에는 기대가 있고 동경이 있다. 어떤 좋은 것이 멀리 떨어져 있고, 청원은 그것이 가까이 오기를 간청한다. 거기에는 진행 중인 움직임이 있고, 그것이 완성되기를 재촉하는 갈망이 있다. 이렇게 멀고 갈망과 청원의 대상이 되는 그 하느님의 나라는 과연 무엇인가?

―――◇•◇―――

그 첫 번째의 특이한 시작이 어떠했는지 알고 싶다면 우리는 복음서, 특히 마태오, 마르코, 루카 복음서를 읽어야 한다. 예수님이 공생활을 시작하신 후, 그분의 말씀으로 기록된 첫 말씀은 "하느님의 나라가 가까이 왔다. 회개하고 복음을 믿어라."[1]이다. 무슨 복음을 말하는 것인가? 하느님 나라가 가까움을 알리는 복음이다. 멀리 있었던 하느님의 나라가 이제 가까이 와 있다는 것은 기쁜 소식이다. 하지만 그것은 즐거운 절박함으로 경고한다. 때를 알아보아야 한다는 것이다. 무엇이 오고 있는지 살펴보라. 거기에 마음을 열어라. 그리고 이 말들 속에는, 그 '때'를 놓치지 않도록 주의하라는 의미가 내포되어 있다.

---

1 마르 1,15

예수님은 거듭 되풀이하여 비유들에서 하느님의 나라에 대해 말씀하신다. 우리가 그 생생한 독창성을 말 그대로 받아들인다면, 그 의미를 이해하려 한다면, 우리는 곧 "하느님의 나라"가 단 하나의 개념으로 축소될 수 없음을 깨닫게 된다. 그것은 강력하고, 어디에나 확산되어 스며들고, 작용하며, 다양한 형태를 지닌다. 그 충만함은 관상과 생각으로 파악해야 한다. 우리의 생각은 그 복합성을 견디고 그 다양한 풍부함을 전체로서 파악할 수 있어야 한다. 하지만 우리는 그것을 고정된 개념들 속에 집어넣으려고 하지 말아야 한다. 그렇게 하려는 순간 그 참된 특성은 사라지고, 개념 전체가 약해진다.

어떤 비유에서 하느님의 나라는 밭에 감추어진 보물에 비유된다. 한 사람이(아마도 소작인이었을 것이다) 밭을 갈고 있는데, 갑자기 쟁기 끝에 단단한 물건이 닿는다. 그는 돈과 보석이 가득한 항아리를 발견한다. 누군가 오래전에 적을 피하여 숨겨 놓은 것이었을지 모른다. 그는 얼른 다시 뚜껑을 덮고, 그 밭을 사기 위해 온갖 노력을 다한다.

그는 우선 모든 연장과 가진 것을 판다. 그렇게 함으로써 자신이 치르는 대가보다 더 값진 것을 얻으리라는 것을 알기 때문이다.[2]

진주의 비유도 이와 유사하다. 어떤 상인이 어디선가 값진 진주를 발견하고, 그 가치를 알아보고, 그것을 얻기 위하여 모든 것을 판다. 그가 내놓는 것보다 얻을 이익이 훨씬 더 크기 때문이다.[3] 여기에서 하느님 나라는 무한히 귀한 어떤 것으로 나타난다. 그래서 그것을 얻기 위하여 모든 것을 걸고, 그가 어떤 것을 내놓더라도 그것은 그가 얻는 것에 비하면 작은 것임이 보장된다. 여기에서는 모든 것을 내놓는 문제가 강조된다. 하지만 이 모든 것은(내놓는 사람의 입장에서는 이것이 "전부"이기 때문에 많은 것이지만) 그가 얻게 될 나라의 무한한 가치에 비한다면 작다.

또한 하느님의 나라는 가장 작은 씨앗인 겨자씨와도 같다. 그것은 땅에 심어지고, 싹이 트고, 관목으로 자라나

---

2 마태 13,44
3 마태 13,45-46

새들이 둥지를 틀 수 있게 된다.[4] 이 비유에서 하느님의 나라는 다른 무엇보다도 작고 거의 보이지 않으며, 세상의 크고 거친 실재들 사이에서 아무것도 아니라고 여겨질 만큼 사소한 것으로 나타난다. 하지만 그것은 강력한 확장력을 지니고 있고, 공간이 주어진다면 집과 안전한 피신처를 제공할 수 있는 크고 광범위한 것으로 자라난다.

그리고 하느님의 나라는 그물과 같다. 그것은 물속에 던져지고 다시 땅으로 끌어 올려진다. 어부들은 앉아서 잡은 고기들을 구분한다. "나쁜" 고기는(먹을 수 없는 것들은) 내버리고, 다른 것들은 집으로 가져온다.[5] 여기서 하느님의 나라는, 많은 이들에게 오고 수많은 사람들을 건드리고 포괄하는 것으로 나타난다. 하지만 이들 가운데 많은 이들은 거기에 합당하지 않다. 그들은 적합하지 않은 것으로 판명되고 다시 거부된다. 다른 이들은 거기에 속하고 남겨진다.

---

4 마태 13,31-32
5 마태 13,47-48

밀밭의 가라지의 비유도 비슷하다. 하느님의 나라는 세상 안에 있다. 그것은 인간 역사와 함께 얽혀 있다. 여러 종류의 사람들을 포함하며, 사건들이 꼬리를 문다. 연관과 상호 작용, 영향과 의존, 모두가 서로 섞인다. 그리하여 밀밭에서 그 뿌리와 줄기가 서로 얽혀 있는 가라지와 밀을 분리할 수 없듯이 아무도 정말로 하느님의 나라에 속하는 이들과 그렇지 않은 이들을 구별할 수 없다. 자라고 익는 시기가 지나야 하고, 수확을 하고 곡식을 거두어들여야 한다. 역사가 끝나고, 마지막 심판이 와야 한다. 그때에야 분리가 이루어질 것이다.[6]

또 하느님의 나라는 한 여자가 밀가루 반죽에 집어넣은 누룩과 같다. 누룩은 반죽 속에서 작용하여, 빵이 부드럽고 가벼우며 적절히 부풀게 한다.[7] 여기에서 하느님의 나라는 내적으로 작용하고, 한 입자에서 다른 입자로 길을 내며, 전체에 영향을 미치고 전체를 변화시킨다.

---

6 마태 13,24-30
7 마태 13,33

주님은 다른 비유들도 말씀하셨고, 한 가지 표상에 다른 표상이 뒤따른다. 몇 마디 말로 하느님 나라가 실제로 무엇인지를 표현하는 것은 처음부터 불가능하다. 이렇게 표현해 볼 수 있을 것이다. 하느님의 나라는 하느님이 직접, 그리고 강력하게 통치하심을 뜻한다. 하느님이 당신 사랑의 자유로 죄를 용서하시고, 인간은 그리스도의 거룩함으로 성화되어 온전히 하느님께 속하게 된다는 것이다.

하느님의 나라는 그분의 진리가 마음을 비춘다는 것, 더 이상 고단한 찾음이나 하찮은 부스러기들이 있지 않고 명백히 빛나는 거룩한 충만함이 있음을 뜻한다. 그 나라는 거룩한 진리의 이 강력한 의미가 인간을 지탱한다는 것, 인간이 실제로 그리고 내적으로 이 해방하고 충족시키고 아름답게 만드는 진리와 하나임을 뜻한다. 이 진리는 모든 감각적 사물들을 능가하지만, 모든 마음들을 지키고 보호해 준다. 가까이 갈 수 없는 영광 속에서 다스리지만, 인간의 다정한 친구이다. 인간은 참으로 그리고 내적으로 그 진리와 하나이다.

하느님의 나라는 하느님이 그분의 거룩하심 안에서 느껴지고, 그분의 엄위 안에서 감지된다는 것을 뜻한다. 인간이 자신의 자유를 그분께 바치고 이제 그의 기꺼운 동의로, 그의 의지와 그의 모든 능력 안에서 하느님이 통치하신다. 그것은 하느님의 것들의 친밀함과 소중함이 체험됨을 뜻한다. 그분의 아름다움과 감미로움의 형언할 수 없는 행복이 마음 안에서 느껴지고 자신이 존재 깊은 곳에서 지각됨을 뜻한다.

하느님의 나라는 아버지, 형제, 친구이신 그분이 가까이에, 영의 깊은 곳에, 마음의 한가운데에 계심을 뜻한다. 우리가 드나들고 주고받고 하는 가운데 사랑이 감지할 수 있는 방식으로 다스린다는 것을, 실존 전체가 그로써 변화됨을, 모든 것이 이 하나로 변화되면서도 각자가 본질적인 아름다움과 특성을 꽃피운다는 것을 뜻한다. 하느님의 나라는 하느님이 그분의 실재와 충만함에서 우리에게 분명하게 되심을 뜻한다. 그분이 모든 것 안에서 다스리시고, 피조물은 그분 안에 있으며 그분과 하나가 되고 그로 인하여 자신에 대해 자유롭게 됨을 뜻한다.

주님께서 오셨을 때, 하느님 나라는 가까이 있었다. 하느님은 가까이 "오시어", 어디서나 그분이 바로 나타나시고 모든 것을 당신께로, 그리고 하느님과의 친교의 자유로 이끌려 하셨다. 사람들에게는 타락과 악함을 떠나 그들을 부르시는 분을 향하도록 "회개"[8]가 촉구되었다. 실제로 그렇게 되었더라면 어떠했을까 상상해 볼 수 있을 것이다. 이사야의 예언을 생각하면, "때가 찼을 때"[9] 하느님의 나라가 실제로 시작될 수 있었다고 생각한다. 하지만 사람들은 믿지 않았다. 어둠의 시간이 왔고, 하느님의

---

8 마태 4,17
9 마르 1,15

나라는 뒤로 물러난 것 같았다.

그렇다 하더라도, 주님의 기도의 청원으로써 주님은 하느님의 나라가 그물로 낚거나 사로잡은 것처럼 "여기" 있는 것이 아님을 알려 주신다. 그 나라는 계속 오고 있는 상태에 있고, 우리는 그것이 도래하도록 기도해야 한다.

말하자면 하느님의 나라는 우리를 향하는 어떤 것이다. 그것은 우리를 향해, 개별적인 우리 각자를 향해 그리고 모두와 친교를 이루는 각자를 향해 밀려온다.

하느님 나라는 밀려오지만, 그 도착을 강요하지는 않는다. 그것은 자유 안에서만 올 수 있기 때문에, 그냥 도래할 수는 없다. 인간이 그 나라에 자신을 열어 놓아야 한다. 인간이 믿어야 하고 준비해야 한다. 그는 열렬한 갈망으로 하느님 나라를 향하여 노력해야 한다. 그는 하느님의 나라에 대해 용기를 가져야 하고 그것을 받아들여야 한다. 거기에 자신을 내놓아야 한다. 하지만 만일 그가 자신을 닫아 버린다면, 그가 무관심하거나 저항한다면, 또는 순종을 거스르고 반역한다면, 그 나라는 그에게서 빠져나간다. 전능하신 하느님의 능력은 그 안에서 작용하지만, 오직 자유 안에서만 작용하며 자유가 그것에 자신을 열어 놓을 때에만 작용한다. 그렇지 않을 경우 하느님의 능력은 힘이 없는 것과 같다. 인간이 매일의 사건들 안에 침몰하고 그의 정념들에 사로잡힌다면, 그가 함께 있는 존재들과 소유물들에 마음을 빼앗긴다면, 하느님의 나라는 그 사람 안에서 자리를 찾지 못하고 뒤로 물러나 사라져 버린다.

다시 한번 우리는 앞에서 만났던 그 신비를 마주하게 된다. 하느님은 주님이시다. 그분의 지혜는 만물을 꿰뚫는다. 그분의 의지는 강력하다. 하시만 그분은 분명 당신의 사랑으로 오시며, 당신 나라를 실현하기를 원하신다. 그분은 당신의 피조물들을 갈망하시고, "사람들을 기쁨으로 삼았다".[10] 그분은 당신 사랑의 그 신비를 이루기를, 당신 안에서 인간과 결합되기를 바라신다. 그분은 신적인

---

10 잠언 8,31

진심으로 이를 갈망하신다. 하지만 인간의 자유 의지 앞에서 그분은 신비롭게 약하시다.

―◇•◇―

주님의 기도는 우리에게 다시 한번, 자신과 온 세상을 위하여 모든 것이 거기에 의존하면서도 바로 그 세상 안에서 매우 의문스럽게 보이는 그것을 염려하도록 권고한다. 하지만 우리의 염려는 세상이 자신의 노력으로 정의를 이루려는 그런 개인적인 활동주의로 표현되어서는 안 되고, 그 위협받는 나라가 이루어지도록 하실 수 있는 오직 한 분, 곧 하느님과 협력하는 것으로 표현되어야 한다. 우리는 그분께 그분의 나라가 오기를 기도해야 한다.

―◇•◇―

하느님의 나라가 실제로 인간에게 오면 어떠할 것인

가? 성인들, 특히 아시시의 프란치스코 성인은 우리에게 이를 보여 준다. 그에 대해서는 많은 훌륭한 것들을 말할 수 있지만, 무엇보다 특별한 방식으로 복음의 해석자가 되었다고 말할 수 있다. 각별히 뚜렷하고 강력한 방식으로, 그에 관한 모든 것들은 그리스도의 말씀들이 한 사람 안에서 실현되면 어떻게 되는지를 말해 준다.

하느님의 나라는 개방성, 거룩한 가까움, 풍요롭고 활동적인 충만함으로 프란치스코를 감싼다. 그는 지극히 인간적이다. 하느님께서 방해받지 않고 그 사람 안에서 작용하신다는 매우 아름답고 심오한 의미에서 인간적이다. 그러나 그의 주위에서 세상은 다른 이들 주위에서와 달랐다. 그에 대한 전설들이 전해지지만, 새들이 그에게 왔는지, 물고기들이 그의 말을 들었는지, 굽비오의 늑대가 그의 손에 발을 얹었는지 여부가 정말 그렇게 중요한 것은 아니다. 하지만 그에 대해 이러한 이야기들을 할 수 있다는 것은 그의 주위에서 모든 것이 보통의 모습과는 달랐음을 말해 주는 증거이다. 하느님의 나라가 그에게 도래할 수 있었기 때문이다.

그 나라는 단번에 그에게 도래한 것이 아니라, 거듭 되풀이하여 도래했다. 하느님의 나라는 그에게서 끝나거나 정지된 것이 아니다. 그에게도 하느님의 나라는 계속 오고 있는 중이었다. 프란치스코가 자신을 완전하다고 여기고 고정된 소유의 상태에 안주했다면, 그는 그가 지닌 가장 소중한 것을 잃어버렸을 것이다. 그리스도께서 하느님의 나라라고 부르는 신비로운 충만함은 계속해서 그에게 흘러들었다. 그리고 그는 계속해서 자신을 그 나라에 열어 놓았고 새롭게 그것을 받아들였다.

세 번째 청원

아버지의 뜻이 하늘에서와 같이 땅에서도 이루어지소서

Fiat voluntas tua, sicut in caelo et in terra

주님의 기도의 해석에서 우리는 다시 "아버지의 뜻이 하늘에서와 같이 땅에서도 이루어지소서."라는 세 번째 청원을 다루게 된다. 우리는 앞서 여기에 이 기도의 정신의 핵심이 들어 있고 그 기도 전체에 다가가는 길이 있다고 보았다. 우리는 다시 한번 여기에 머물지만, 이는 하느님의 뜻이 무엇인지 묵상하기 위해서가 아니다. 그 뜻은 만물을 창조한 가장 강한 힘이면서도 그것이 창조한 세상 안에서 매우 약하게 나타난다. 만물의 의미가 그 안에 들어 있는 최고의 것이면서도 끊임없이 상실될 위험에 처해 있다. 그래서 그리스도인은 그것을 돌보라는 촉구를 받고, 하느님께 그분의 거룩한 뜻을 이루어 주시기를 청하면서 하느님과 함께 그 뜻을 이해하게 된다.

지금 우리는 "하늘에서와 같이 땅에서도" 아버지의 뜻이 이루어지기를 청할 때에 이 청원이 무엇을 뜻하는지를 알아볼 것이다.

이 청원은 말하자면 하늘과 땅 사이에, 저 높은 곳의 하느님과 아래 있는 인간 사이에 걸쳐져 있다. 그런데 '하늘'은 무엇을 뜻하는가? '땅'은 무엇을 뜻하는가? 그 둘은 서로 어떤 관계에 있는가?

오늘날 교육받은 사람에게 하늘이 무엇인지를 묻는다면, 그는 "하늘은 천체들이 움직이는 공간"이라고 대답할 것이다. 그 대답은 옳다. 그것은 자연 과학의 대답이다. 하지만 우리에게는 소용이 없는 대답이다. 우리는 그 하늘을 주님의 기도의 청원에 끼워 넣을 수 없다. 저 바깥 우주 공간에서, 하느님의 뜻은 땅에서 그 실체와 자연적 힘들에 의하여 이루어지는 것보다 별자리들에 의해서 더 잘 이루어지는 것이 아니기 때문이다. 만일 어린아이에게 "하늘이 뭐지?"라고 묻는다면 아마도 위를 가리키며 "저

위에 있는 것"이라고 대답할 것이다. 이것도 맞는 대답이고, 시각적인 겉모습에 따른 대답이다. 하지만 주님의 기도를 이해하는 데에 우리에게 도움이 되지는 않는다. 여기에는 우리가 손가락으로 가리킬 수 있는 "위"나 "아래"가 없기 때문이다.

그렇지만 어린아이이든 신심 깊은 신자이든 다른 식으로, 대략 하느님은 하느님이 살고 계신 곳이라거나 거기에서부터 구세주가 오신 곳, 또는 하느님께서 우리를 위하여 마련하신 영원한 거처라고 대답할 수도 있다. 이 대답들은 다른 데에서 나온 것이다. 자연 과학도, 동화도, 눈에 보이는 증거도 아닌, 신앙으로부터 나온 것이다. 이 대답들은 올바른 방향을 가리킬 것이다. 우리가 하늘이 무엇인지를 알고 싶다면 계시에 물어야 한다. 우리는 하늘에서 땅으로 우리에게 내려오시고 다시 하늘로 되돌아가신 분, 곧 예수 그리스도께 물어야 한다.

그분은 하늘을 따로 떨어진 어떤 것으로 말씀하지 않으시고, 하느님의 살아 있는 실존과 결부된 것으로 말씀하신다. 예수님이 아버지에 대해 말씀하실 때 그분은 대개 "우리 아버지"라는 말에 "하늘에 계신"을 덧붙이신다. 또한 그리스도께서는 하늘을 복된 목적지이며 최종적 조건으로서 인간과 연결시키신다. 그래서 우리에게 "하늘에 보물을 쌓아라."[1]라고 촉구하시는데, 이는 우리가 하늘을 우리의 생각과 행동의 목표이며 기준으로 삼고, 우리의 삶이 보여 주어야 하는 마지막 완성의 결과이며 형태로 보아야 한다는 것을 뜻한다. 바오로는 그리스도의 이러한 생각에 따라 우리에게 "우리는 하늘의 시민"[2]이라고 일깨워 준다. 그리스도는 하늘로 돌아가 아버지의 오른편에 앉아 계시다.

그러므로 하늘이 하느님의 거처라고 말하는 것은 옳다. 하늘은 하느님이 당신 자신과 함께 계신 곳이다. 하느님이 그 "안에" 계신 장소가 있는 것이 아니라, 하느님이 계

---

1 마태 6,20
2 필리 3,20

시는 "다가갈 수 없는 빛"³이 하늘이다. 이 찬란한 접근 불가능성, 인간의 눈을 멀게 하는 찬란함 안에 하느님이 당신 자신과 함께 머무신다. 하느님이 자유롭게 온전히 당신 자신에게만 유보되어 당신 자신과 함께 머무신다는 점에서, 하늘은 하느님을 나타낸다.

그렇다면, 이러한 하늘에서 하느님의 뜻이 이루어진다고 할 때에는 누구에 의해서 그 뜻이 이루어지는 것인가? 그것은 오직 하느님 자신에 의해서이다.

성령은 본질적으로 하느님의 뜻이 이루어짐을 뜻한다. 성령 안에서 하느님은 끊임없이 당신 자신을 내어 주시는 당신의 뜻을 이루신다. 아버지는 자신을 아들에게 주시고, 아들은 자신을 다시 아버지께 돌려 드리며, 그래서

3　1티모 6,16

그분과 함께, 요한이 말하듯이 "그분 안에"[4] 계시면서 신적으로 자신을 내어 주시고 그러면서도 영원히 온전하게 보존되신다. 자신을 내어 주면서도 자신을 보존하는 복된 단일성의 헤아릴 수 없는 신비, 성령 안에서 이렇게 하느님의 뜻이 이루어지는 것, 이것이 하늘의 근원이고 본질이며, 그 가장 내밀한 성전이고 그 평화의 가장 고요한 바다이다.

하느님의 뜻이 피조물에 의하여 이루어지는 것은 여기에서부터 가능하게 된다. 하느님의 뜻은(이는 사랑으로 자신을 내어 주고자 하는 뜻이다) 신적으로 자신을 내어 주신 그분이 그 안에 있을 수 있도록, 그리고 세상이 그 자신을 자유로운 선물로 그분께 돌려 드림으로써 그분께 도달하고 사랑 안에서 그분과 하나가 될 수 있도록 세상을 창조하셨다. 창조된 존재들 가운데 그 안에서 이 뜻이 완전히 이루어지는 이들, 곧 천사들과 복된 이들은 하느님과 사

---

[4] 요한 10,38

랑의 결합을 이루며 하늘에 받아들여진다. 그들은 성령의 은총으로 그분과 함께 그곳에 있으며, 성자께서 당신 자신을 자신에게 되돌려주시며 다시 아버지와 결합되어 계신 그 신적 현존을 함께 나눈다. 아버지의 뜻은 이제 그들의 존재를 통하여 이루어진다. 그들은 하느님의 성령에 의하여, 그들의 본질적 존재의 영원한 완전성 안에서 살고 있기 때문이다. 그리고 그들은 그들의 모든 일과 행위로 그 뜻을 이룬다. 노력이나 강요 없이, 가장 깊은 곳으로부터, 그들 본성의 가장 본질적인 필요로부터, 오직 그들의 복된 상태에서는 달리 행할 수가 없기 때문에 그 뜻을 이룬다. 이렇게 하느님의 뜻을 이루는 것은 신적인 편안함과 아름다움과 기쁨의 형태를 취한다. 그것은 영원한 "찬양[의 노래]"[5]이다.

하늘에서, 하느님의 뜻은 전적으로 그리고 완전하게 이루어진다. 복된 이들이 영 안에서 하느님의 영광에 사로

---

5 시편 40,4

잡혔다면, 어떻게 그렇지 않을 수 있겠는가? 우리가 하느님의 뜻을 이루지 않는다면, 그것은 우리가 그분의 거룩한 진리를 깨닫지 못했기 때문이거나, 그분의 뜻이 우리에게 대수롭지 않게 보이기 때문이거나, 우리가 그것을 잘못 이해했기 때문이다. 하지만 하늘의 복된 이들은 성령 자신에 의하여 신적 충만함으로 채워졌고, 그래서 바오로가 말하듯이 '알레테우에인 엔 아가페aletheuein en agape' 외에는 다른 것을 할 수가 없다. 이 말은 거의 번역이 불가능한데, "사랑 안에서 진리를 행함" 또는 "진리가 됨", "사랑 안의 진리"를 뜻한다.[6]

우리가 이 거룩한 뜻을 이루지 못하는 것은 우리에게 세상의 실재가 더 강하고 더 매력적으로 보이기 때문이고, 세속적 가치들이 더 가까이 있고 더 우리를 현혹하기 때문이다. 반면 복된 이들의 마음에는 신적 완전성이 넘쳐흐르고, 지상의 어떤 힘도 그 능력과 감미로움으로부터

---

6 에페 4,15

그들을 떼어 놓을 수 없다. 그래서 그들은 하느님의 영원하신 뜻을 이루는 것 외에 다른 것은 할 수가 없고, 그것이 그들의 행복이다. 그들은 죄를 지을 수 없는 거룩한 상태에 도달했다. 그래서 하늘에서는 하느님의 뜻이 절대적으로 완전하게 이루어진다. 그것이 그들이 숨 쉬는 공기이다. 그것이 그들 몸에서 고동치는 피다. 그것이 그들의 실존의 가시적인 내용이고 힘이다. 그래서 그들은 그것을 사랑하지 않을 수 없고, 그들의 사랑이 그들의 자유다.

 이제 그 청원은 땅에 대해 말한다. 그런데 '땅'은 무엇인가? 우리가 그 위에서 살아가는 이 행성과 거기에 있는 사물들(하지만 인간과 관련해서, 삶의 관점에서 볼 때 그것을 땅이라고 부른다) 더 나아가서 지금 있는 대로의 인간과 관련해서, 곧 죄를 지니고 순례하는 이 시간의 인간과 관련해서 볼 때 그것이 땅이다. 이 피조물은 하느님을 조금밖에 알지 못한다. 그의 마음은 신적 사랑으로 넘쳐흐르고 있지 않다. 그래서 그는 하느님을 잊을 수도 있고, 하느님을 간과하거나 정신과 지성에서 하느님을 놓칠 수도 있다.

창조에는 신비가 있다. 하느님은 신적인 중심을 갖고 세상을 만드셨다. 그분께서 창조하셨을 때 인간과 사물은 단순한 겉껍질이 아니었다. 하느님은 당신 일을 잘하셨고 참되게 하셨다. 창조에서 그분은 밑그림을 그리지 않으셨다. 그분은 실존하지 않는 것을 실존하게 만드셨다. 그분은 모든 것을 지탱하고 지속되게 만드셨다. 그다음 그분은 그 각각에게 자신의 참된 본질에 따라 살 수 있는 자유를 주셨다. 하지만 사물들의 경우에는 그들 자신의 실재와 본질적 본성의 틀 안에서 자유롭게 내맡겨져 있는 것이, 인간에게서는 그의 자유 의지를 사용하도록 자유롭게 맡겨졌다. 인간은 스스로 서 있도록 자유롭게 되었다. (이것은 지나친 단순화이다. 후에 이를 더 자세히 다룰 것이다. 하지만 먼저 이것을 듣고 간직해 두면, 나중에 그에 뒤따르는 것을 온전히 받아들이게 될 것이다.)

이 모든 것이 창조의 중심을 구성하며, 두려운 결정의 가능성을 내포한다. 인간은 이런 생각을 마주하게 된다.

'이렇게 실제적이고 실체적인 이 사물과, 살아 있고 자신의 책임으로 행동하는 나, 우리는 모두 자족적이다. 우리는 용감하게 우리만이 존재한다고 생각할 수 있다!'

하느님이 세상을 창조하신 바로 그 뛰어난 방법이, 세상이 자신에 대해 잘못 생각하고 하느님 없이도 살 수 있다고 생각하게 되는 계기가 된다. 그것이 바로 죄일 것이다. 그리고 이러한 죄는 저질러졌고, 언제나 저질러지고 있다.

우리는 우리 안에서 그리스도인의 염려를, 자신의 구

원과 세상의 구원에 대한 그리스도인의 두려움을 다시 느낀다. 인간은 창조의 뛰어난 완전성을 잘못 해석하고 죄로 그것을 남용할 위험에 처해 있다. 해방된 실재, 작용의 독립성(위에 언급된 보충 설명과 함께) 그러한 본질적 본성과 실존은 결국 하느님 안에서만 존재하기 때문이다. 우리는 그분 가까이 또는 그분 없이 살아가는 것이 아니라 "그분 안에서 살고 움직이며 존재"[7]한다. 그 방법은 아무도 이해할 수 없지만, 세상 안에서 인간의 존재는 실제로 그리고 참으로 오직 하느님으로부터 오며 하느님 안에 있다.

더구나 그것은 하느님을 향한 움직임의 상태에 있다. 인간은 완전하고 온전한 존재가 아니라, 하느님을 향하여 움직여 가고 있다. 그는 하느님께 가까이 갈수록 점점 더 실제적이고 완전하게 된다. 이것은 피조물이 하느님께 자신을 되돌려 드리는 움직임이다. 하느님은 그를 창조하시면서 먼저 당신 자신을 인간에게 주셨다. 하지만 창조주

---

7 사도 17,28

를 향한 피조물의 움직임, 다름 아닌 바로 그것이 하느님의 뜻을 이루는 것이다. 하느님의 뜻을 행한다는 것은 그분께 더 가까이 가는 것을 뜻한다. 오직 그렇게 함으로써 인간은 궁극적인 의미에서 실제적이 된다. 그리고 그렇게 함으로써 피조물은 하느님과 함께 있게 되고, 은총으로 하늘에서 하느님의 거룩하신 내주에 참여하게 된다.

하느님께서 당신의 피조물에게 자유라는 본질적 특성을 주셨고 지속적으로 독립하여 실존하게 하신다는 것은 동시에 "나에게로 오라"는 부르심을 의미한다.

어머니가 갈망하는 것, 어머니의 가장 큰 즐거움은 무엇이겠는가? 어머니는 아이에게 생명을 주었다. 자기 자신으로부터 그에게 독립적 존재로서 살고 숨을 쉴 능력을 주었다. 이제 아이가 자라나고, 작은 인간 생명이 펼쳐지고, 그를 둘러싼 위대한 실재가 실제 "세계"로 나타나기 시작하는 시점에 이른다. 그렇다면 이제 어머니의 가장 큰 즐거움은 무엇이겠는가? 아기가 첫 미소, 첫 단어, 첫걸음으로 어머니에게 돌아오는 것이다. 이 작은 아이와 어머니 사이에서 사랑으로 새롭게 생겨나는 결합은, 그 시초가 되었던 첫 번째 결합보다 훨씬 깊고 크다. 마찬가지로 하느님은 당신 피조물에게, 인간에게, 말과 시선으로써, 사랑의 움직임으로써, 하늘의 결합으로 돌아오기를 갈망하신다. 다른 말로 하면 그분은 당신의 뜻이 이루어지기를 바라신다. 그리고 그리스도인은 그 뜻이 실제로 이루어지는 것을 염려한다.

그 아기가 어머니를 향해 미소 짓지 않고 어머니에게 자신을 닫아 버린다고 가정해 보자. 어머니에게 말을 하지 않거나 어머니에게 아장아장 걸어오지 않고, 침묵하며 다른 길을 향하고 자기 뜻대로 떠나간다고 생각해 보자. 우리는 그것이 매우 냉정하고 자연스럽지 않은 행동이리라고 느끼고, 그것이 어머니의 마음을 실망시켰으리라고 생각한다. 하지만 피조물이 죄로 하느님께 등을 돌린다면 그것은 무엇과 비길 수 없는 더 끔찍한 일이다. 그렇게 될 때, 사람들이 자신들의 사악한 길을 갈 때 창세기의 표현을 빌면 하느님은 "후회하시며 마음 아파"[8]하시고, 홍수를 보내셨다. 홍수는 하느님의 비탄, 갚음을 받지 못한 하느님의 사랑의 슬픔을 나타낸다. 그것은 당신이 사랑하시지만 어둠 속으로, 죽음과 허무 속으로 빠져들고 있는 당신 피조물의 운명에 대한 슬픔이다.

그래서 "잃은 이들을 찾아 구원하러"[9] 오신 그리스도는 우리에게 "아버지의 뜻이 하늘에서와 같이 땅에서도 이루어지소서."라고 기도하라고 가르치신다. 하느님이 이를 허락해 주시기를, 사람들이 그분과의 친교라는 집으로 되돌아오고 그분의 빛과 사랑에 잠기는 그곳에서 그분의 뜻이 이루어지듯이, 아직 모든 것이 인간이 창조를 올바로 이해하고 하느님의 뛰어난 업적이 하느님께로 돌아오라

---

8 창세 6,6
9 루카 19,10

는 부르심과 충동으로 해석되는지 아니면 그분을 떠나는 이유가 되는지 여부의 결정에 내맡겨져 있는 이곳에서도 그 뜻이 이루어지게 해 주시기를 청하는 것이다.

이 기도는 그분의 뜻이 땅에서, 우리가 믿음으로 그분의 빛을 보지만 그 빛을 실제로 보지는 못하는 이곳에서 이루어지기를 청한다. 그것은 우리가 보지 못했어도 사랑할 수 있기를 청한다.

네 번째 청원

오늘 저희에게
일용할 양식을 주시고

Panem nostrum
quotidianum
da nobis hodie

이제 주님의 기도 후반부, 곧 우리 일상생활의 실재와 필요들이 표현되는 단순한 청원들을 살펴보자.

하지만 이 단순성을 너무 단순하게 받아들이지는 말자. 여기에 표현된 것은 매일의 생활이지만, 그리스도인의 일상생활이다. 다른 말로 하면 그것은 그리스도께서 세상에 가지고 오신 것으로 살아가는 사람의 삶이다. 그러므로 후반부 청원들의 의미는 전반부의 청원들로부터 나온다. 후반부의 청원들을 그 자체만으로 본다면 그것은 사소한 것이 되지만, 기도의 전반부 문장들을 전제로 이해한다면 그 단순함은 한없는 깊이를 드러낸다.

이는 후반부의 첫 번째 청원인 "오늘 저희에게 일용할

양식을 주소서."에 바로 해당된다.

우리는 일상에서 이 청원을 매우 자주 접한다. 절반쯤 신자인 이들, 무관심한 이들, 믿지 않는 이들의 입에서 이 청원을 듣는다. 그래서 우리는 이렇게 자주, 이렇게 흔히 언급되는 이 말들이 참으로 주님께서 말씀하신 것과 같은 의미를 갖는지 묻게 된다. 그분께서 이 말들에 담아 놓으신 의미는 그렇게 자명하지 않고 오히려 그 반대로 신비롭고 알 수 없는 것으로서, 이 청원을 세상 안에 하느님으로부터 오는 새로운 세상을 위한 자리를 마련함으로써 글자 그대로 "세상을 이기는"[1] 믿음의 표현이 되게 한다.

이 청원에는, 그것 하나만으로 충분히 우리를 놀라게 하는 단어가 들어 있다. 보통 그것은 정확히 번역되지 않

---

1 1요한 5,4 참조

는다. 그리스어로는, 단 한 번 사용되기 때문에 학자들이 그 의미가 분명치 않다고 말한다. 이 청원에서 구하는 양식에 대해 일컬어지는, '에피우시오스epiousios'라는 단어이다. 가장 정확한 번역은 "내일을 위한"일 것이다. 마태오 복음서의 본문을 기초로 한다면, "저희에게 일용할 양식을 주소서."[2]라는 청원이다.

따라서 우리가 기도하는 것은 일상의 의미에서 "매일의" 양식에 대해서가 아니다. 마치 매일 "그날의 양식"이 보장되어 있고 지금은 이 특정한 날에 속하는 것을 청하듯이 하는 것이 아니다. 오히려 여기에서는, 내일을 위한 양식을 청한다. 그는 오늘을 살고 있고, 지금의 날을 위하여 걸어가며, 다음 날을 위하여 그의 양식을 청한다. 내일은 아직 절박한 오늘이 아니다. 내일, 그 중간의 단계가 지나면 절박해질 것이다. 그래서 시간이 다시 돌아오면, 이 청원이 다시 입에 올라올 것이다. 그러므로 우리는 이

---

2 마태 6,11

청원에서, 아무것도 보장되어 있지 않음을 느낀다. 신뢰를 가지고 한 시간 한 시간 다가오는 삶을 받아들여야 하는 것이다.

청원의 말마디가 어떠하든, 그것은 그리스도인의 하루와 그리스도인의 신뢰의 기초에 대해 우리에게 말해 준다. 그것은 하느님 섭리의 신비이다.

'섭리'는 무엇을 뜻하는가?

그리스도인의 삶은 언어의 어떤 단어들로 표현되어 왔다. 그러나 그리스도교적 언어, 곧 신비, 감추어진 힘들, 기쁨, 그리고 그 삶의 갈망들을 그 안에 담고 있는 단어들은 시간이 지나면서, 특히 지난 이백 년 사이에 때로는 거칠게 사용되었다. 그리스도인의 실존은 세속성 속으로 흘러갔고 단어들도 바뀌게 되었다. 오늘날, 본래 그리스도교 믿음과 사랑의 거룩한 영역에서 생겨난 단어들은 일상의 대화 안에서 어디서나 회자되지만, 그 기원의 흔적은 거의 남아 있지 않다. 때로는 자투리로, 소리의 진동으로, 또는 그저 숨결로 남아 있다. 그렇지 않은 경우에는 세속화되었다. '섭리'라는 단어에도 이러한 일이 일어났다.

그 자체로 섭리는 그리스도의 가장 깊은 신비를 뜻하지만, 여기에 현세적 성격이 더해졌다. 오늘날 '섭리'라는 단어를 실제로 어떤 의미로 사용하는지를 살펴보면, 그것이 대략 "세계 질서"라고 부를 것에 사용됨을 볼 수 있다. 다른 말로 하면, 모든 것을 질서 짓고 모든 것을 매끄럽고 분명하게 배치하여, 모든 것이 그리고 인류가 이성적인 방식으로 곧 본성과 조화를 이루며 정돈되어 있도록 하는 것이 섭리이다. 이러한 사고방식에서, 만일 현명한 "본질"이 제 길을 가고 인간이 합리적으로 그리고 자연법에 따라 행동한다면, 모든 것은 잘될 것이다. 18세기와 19세기에는 철학 전체가, 그리고 경제학과 사회 복지의 학설 전체가 이러한 사고방식을 기초로 전개되었다.

하지만 인간의 복지를 보장한다고 주장하는 소위 합리

적인 보편적 질서라고 하는 것은 매우 취약하다. 우리는 그 결과인 세계 대전과 그 후의 혼란을 경험했다. 그러나 예수님이 '섭리'라는 말로 뜻하신 것은 이 "질서"에 전혀 부합하지 않을 뿐만 아니라 그와 전혀 다른 것이다. 그것은 선례가 없고 과감한 것이다. 그것은 단적으로 세상과 그 합리적 개념들에 속하지 않고, 하늘로부터 온다.

예수님은 '섭리'에 대해 어떻게 말씀하시는가?
산상 설교에서는 이렇게 말한다.

> "아무도 두 주인을 섬길 수 없다. 한쪽은 미워하고 다른 쪽은 사랑하며, 한쪽은 떠받들고 다른 쪽은 업신여기게 된다. 너희는 하느님과 재물을 함께 섬길 수 없다. 그러므로 내가 너희에게 말한다. 목숨을 부지하려고 무엇을 먹을까, 무엇을 마실까, 또 몸을 보호하려

고 무엇을 입을까 걱정하지 마라. 목숨이 음식보다 소중하고 몸이 옷보다 소중하지 않으냐? 하늘의 새들을 눈여겨보아라. 그것들은 씨를 뿌리지도 않고 거두지도 않을 뿐만 아니라 곳간에 모아들이지도 않는다. 그러나 하늘의 너희 아버지께서는 그것들을 먹여 주신다. 너희는 그것들보다 더 귀하지 않으냐? 너희 가운데 누가 걱정한다고 해서 자기 수명을 조금이라도 늘릴 수 있느냐? 그리고 너희는 왜 옷 걱정을 하느냐? 들에 핀 나리꽃들이 어떻게 자라는지 지켜보아라. 그것들은 애쓰지도 않고 길쌈도 하지 않는다. 그러나 내가 너희에게 말한다. 솔로몬도 그 온갖 영화 속에서 이 꽃 하나만큼 차려입지 못하였다. 오늘 서 있다가도 내일이면 아궁이에 던져질 들풀까지 하느님께서 이처럼 입히시거든, 너희야 훨씬 더 잘 입히시지 않겠느냐? 이 믿음이 약한 자들아! 그러므로 너희는 '무엇을 먹을까?', '무엇을 마실까?', '무엇을 차려입을까?' 하며 걱정하지 마라. 이런 것들은 모두 다른 민족들이 애써 찾는 것이다. 하늘의 너희 아버지께서는 이 모든 것이 너희에게 필요함을 아신다. 너희는 먼저 하느님의 나라와 그분의 의로움을 찾아라. 그러면 이 모든 것도 곁들여 받게 될 것이다. 그러므로 내일을 걱정하지 마라. 내일 걱정은 내일이 할 것이다. 그날 고생은 그날로 충분하다."[3]

이런 것들은 다른 민족들이 찾는 것이기에 "무엇을 먹을까? 무엇을 마실까? 무엇을 차려입을까?"를 걱정하지 말고 묻지 말라는 도전이 단순한 "세계 질서"로 보이는가? 세계 "질서"에 대해 그렇게 훌륭하게 즐겨 말하던 것은 바로 그 "다른 민족들" 아니었던가? 예를 들어 스토아 학파에서는 우주가 이성적인 전체이며, 그 전체의 이성적 영혼을 믿는다면 모든 것이 잘되리라고 가르쳤다. 이것은 분명 전혀 다른 것이다.

하지만 섭리는 과연 무엇인가? 게으른 이들에게 음식

---

[3] 마태 6,24-34

이 떠다니고 옷이 나무에서 자라는 동화 같은 삶인가? 아니면, 세상이 그 실재들의 험난함을 잃어버릴 것이고, 열심한 이들에게 그들이 바라고 생각하는 대로 이루어지리라는 약속인가? 전혀 그렇지 않다. 오히려 그 반대로, 섭리에 대해 말하는 모든 것은 그 끝부분의 구절에 비추어 이해해야 한다.

> "너희는 먼저 하느님의 나라와 그분의 의로움을 찾아라. 그러면 이 모든 것도 곁들여 받게 될 것이다."

실제 이 말은 "덤으로 주어질 것이다."라는 의미다.

모든 것이 여기에 달려 있다. 우리는 하느님의 나라에 대한 청원을 우리의 첫 번째이며 가장 진지한 청원으로 삼아야 한다. 무엇보다 먼저 하느님의 나라가 도래하고 우리의 삶 안에서 자리를 찾도록 해야 한다. 모든 것이 하느님이 그렇게 되기를 바라시는 대로 되게 하는 것을 우리의 첫 번째 관심사로 삼아야 한다. 위대하신 하느님, 그분의 생각은 "하늘이 땅 위에 드높은 것처럼"[4] 인간의 생각보다 높으시다. 그분께서 계획하시고 창조주로서 뜻하시는 대로, 세상과 지상적인 논리에도 불구하고 그렇게 될 것이다. 우리는 용감하고 온전하게 그 목적에 우리 자신을 바쳐야 한다. 우리는 우리 삶의 중심을 우리 자신으로부터 하느님께로 옮겨 놓아야 하고, 이 중심으로부터 그리스도의 말씀에 따라 생각하고 판단하고 행동해야 한다. 하지만 이것은 어렵다. 극도로 어렵다.

그것은 고정되고 영구적인 모든 것으로부터 우리 자신을 잘라 내는 것처럼 어리석게 보인다. 하지만 우리가 그것을 해낸다면, 우리가 하느님을 이해하고 그분의 나라를 돌보게 된다면, 하느님은 새롭고 창조적인 방식으로 우리를 돌보실 것이다. 합리적인 질서를 자랑하면서도 실제로는 인간을 전혀 돌보지 않는 삶이 우리에게 밀려든다. 이것은 기적일까? 순전히 현세적인 관점에서 보면 그렇다.

---

4 시편 103,11

실상 그것은 그러한 일을 이룩할 수 있는 힘으로부터, 곧 자유로이 주어진 하느님의 사랑으로부터 발생하는 새로운 창조이다.

세상은 이미 형태를 갖추고 있는 것이 아니다. 세상은 그분의 손안에서 형성되고 맞춰진다. 하느님의 창조적 사랑이 그리스도인의 사랑 어린 관심과 신뢰에 의하여 받아들여진다면, 인간의 자유 의지가 그 사랑에 열리고 그 사랑이 펼쳐지게 한다면, 그로부터 새로운 형태의 실재가 나타나게 된다. 하느님으로부터 새로운 "질서"가 생겨난다. 그것은 새로운 존재의 구원에 적용된 질서이다. 삶은 그의 방향으로 흘러간다. 그는 어둠과 슬픔을 통해서라도 하느님 보시기에 그에게 필요한 것을 받는다.

한 사람이 하느님의 나라를 첫 번째로 구하는 그만큼 ("말과 혀"가 아니라 "행동으로 진리 안에서"[5]) 그는 사랑으로 하느님과 하나 될 것이다. 그때에 하느님의 뜻으로 새롭

---

5 1요한 3,18

고 모든 것을 포괄하는 일치가 생겨날 것이다. 모든 것이 그러한 사람 주위에서는 조화를 이룰 것이고, 일어나는 모든 일은 하느님의 사랑으로부터 오는 것이 될 것이다.

'섭리'는 위대하고 신비로운 어떤 것을 뜻한다. 그것은 하느님의 염려를 자신의 염려로 삼는 사람 주위에 생겨나는 실존의 구조를 뜻한다. 그러한 사람 주위에서 세상은 달라진다. "새 하늘과 새 땅"[6]이 시작된다.

'섭리'가 뜻하는 것은 그것이고, 현대가 섭리에 대해 만들어 낸 세속화된 생각이 아니다. 그리고 우리는 하느님의 것을 변조시키지 않을 것이다. 그것들은 우리에게 위대함과 영광스러움을 간직해야 한다. 우리가 그 앞에서 스스로 너무 작다고 느낀다면, 우리는 그것을 그대로 둘

---

6 묵시 21,1

것이다. 적어도 그것은 진리이다. 우리는 선하신 하느님이 당신의 풍요로움에서 위대하시도록 내어 드리고, 그분 앞에서 우리의 작음과 가난함을 인정한다. 그분은 우리에게 자비를 베푸실 것이다.

'섭리'는 세상의 체계를 뜻하지 않는다. 우주에 체계가 있다는 것은 대단한 일이다. 모든 것이 조화를 이루고 그 나름의 법칙을 갖고 있으며, 인간도 그렇게 조화를 이루고 있다는 것은 우리에게 경외심을 느끼게 해야 한다. 하지만 우리의 정신과 마음, 그리고 인간의 존엄성은 그런 질서만으로는 살 수 없다. 질서 있는 체계뿐이라면, 그것은 우리를 스쳐 지나간다. 헤아릴 수 없이 먼 곳으로부터 와서, 다시 헤아릴 수 없이 먼 곳으로 가 버린다. 이 질서에게 우리는 그저 재료이고 도구일 뿐이다. 그것은 우리를 전혀 돌보지 않고, 오직 우리를 사용할 뿐이다. 그것은 마땅히 그래야 하는 것이고, 우리는 동화 같은 이야기를 찾지 않는다.

하지만 하느님 섭리의 질서는 우리에게 그와 다른 무엇

을 뜻한다. 그것은 하느님의 마음으로부터 온다. 그것은 그분과 사랑의 동맹을 맺고 그분의 나라를 돌보는 데에서 그분과 협력하는 그분의 피조물들의 마음을 비춘다. 그것은 이 사람들 안에, 그들의 견해와 그들의 말과 그들의 행위들 안에 스며든다. 그것은 실재를 사로잡고, 그것에 새로운 질서를 부여하며, 세상을 변화시킨다. 이는 환상 속에서가 아니라, 동화 속에서가 아니라, 마법이나 주술을 통해서가 아니라, 하느님의 창조적 사랑의 강한 작용을 통하여 그리고 자신을 그분의 결정에 맡기는 이들의 마음을 통하여 이루어진다.

일용할 양식에 대한 청원은 이러한 관점에서 이해해야 한다. 그러한 청원을 말하는 사람은 우주의 체계에 대해 생각하는 것이 아니다. 그는 하느님께 실존의 이성적 질서가 오늘도 내일도, 그의 음식과 옷에 관해서도 잘 작동

해야 한다고 상기시켜 드리는 것이 아니다. 그는 오히려 "하느님의 나라를 찾음"에 그의 마음을 고정시키려고 한다. 그는 자신이 있는 곳에서 그리고 그가 살고 있는 그날에 이러한 관심사에 있어 하느님과 같은 생각을 지닌다. 그리고 거기에서부터 그는, 자신이 있는 곳과 지금 그날이, 지금 그의 주위에 있는 사물들이, 그에게 양식과 옷과 또한 하늘의 아버지께서 그에게 필요함을 알고 계시는 모든 것을 마련해 주는 데에서도 모두 아버지의 거룩한 뜻에 순종하기를 기도한다.

다섯 번째 청원

저희에게 잘못한 이를
저희가 용서하오니
저희 죄를 용서하시고

Et dimitte nobis debita nostra

sicut et nos dimittimus

debitoribus nostris

주님의 기도 후반부의 청원들은 일상의 사물들처럼 단순하고 투명하게 제시된다. 하지만 우리는 이 청원들이 표현하는 일상이 어떤 삶인지를 이미 고찰했다. 그것은 하느님 자녀의 삶이다. 그것은 실상 단순하고, 당연한 것으로 여겨질 수 있지만, 하느님의 은총으로 이루어지는 것이다. 우리가 그 투명성을 유심히 살펴본다면, 곧 신비로운 것을 만나게 될 것이다.

후반부 청원 가운데 첫 번째 청원에서 우리는 이미 그것을 체험했다. 다음의 청원인 "저희에게 잘못한 이를 저희가 용서하오니 저희 죄를 용서하시고"에서도 마찬가지일 것이다. 여기에서 우리는 하느님께 우리의 빚을 용서해 주시기를 청한다. 하지만 빚의 용서를 청한다는 것이 무엇을 의미하는지 이미 분명하게 파악했는가? 우리의 청원을 유의미하게 만드는 전제는 무엇인가?

―◇•◇―

'빚'은 어떤 의무를 다하지 못함을 뜻한다. 그것은 허락될 수 없는 어떤 것을 행하거나 해야 할 것을 하지 않았음을 뜻한다. 하지만 무엇을 해야 하고 무엇을 하지 말아야 하는지 결정하는 권위는 무엇인가?[1]

오늘날의 윤리적 용어에서는 "도덕법"이라는 말을 쓴다. 이것이 무엇을 의미하는지는 이 단어가 포함하는 여러 개념들을 떠올려 보면 분명해진다. 어떤 이들은 도덕법이 국가법의 본성에 들어 있다고 생각한다. 국가법은

---

[1] 아래의 설명은 근대의 윤리주의와 대조하여 빚에 대한 그리스도교 교리의 종교적 특성을 강조하기 위한 전제들을 크게 강조한다. 이는 정확한 의미에서의 윤리를 반박하거나 진정한 그리스도교 윤리의 가능성을 부인하려는 것은 아니다.

법률적으로 제정되고 시민들에게 구속력을 갖는다. 어떤 이들은 이와 유비적으로, 국가에도 일종의 도덕법이 있는데 그것은 마찬가지로 구속력을 갖지만 그 깊이가 다르며 눈에 보이지 않게 현존한다고 생각한다. 또 다른 이들은 더 추상적인 개념을 갖고 있어서, 도덕법을 생각을 다스리는 논리 법칙과 비슷하게 생각한다. 생각이 오류를 범하지 않으려면 이 규칙들을 따라야 하듯이, 행위는 도덕법을 따라야 한다. 그렇지 않다면 그것은 그릇된 것이다.

더 분명하게 정의된 다른 개념들이 더 있지만, 앞서 말했던 것들에서 이미 용서에 대한 청원은 "도덕법"에 적용해서는 의미가 없다는 것을 알 수 있다. 국가법에 대해서 용서되기를 청할 수는 없다. 국가법을 위반하는 사람은 그 위반에 대해 책임을 져야 한다. 논리 법칙들에 대해서 용서되기를 청할 수도 없다. 그릇되게 생각하는 사람은 오류에서 벗어나려고 최선을 다해 노력하고 그들이 그릇되게 행한 결과를 감수할 따름이다. 구속력을 갖는 권위를 추상적 법으로 생각하고 하느님은 그 창시자라고

만 생각하는 한에서는, 용서에 대한 청원은 진정한 의미를 갖지 못한다. 실상 용서를 의문스러운 것으로 여길 수도 있고, 심지어 소심하거나 비윤리적인 것으로 생각할 수도 있다. 단순한 "도덕법" 앞에서, 양심과 그 책임은 어느 정도 외떨어져 있으며 스스로 책임을 져야 한다. 여기에서 용서에 대해 말한다는 것은 나이를 먹은 사람이 자신의 도덕적 잘못에 대하여 부모에게 책임을 돌리는 것과 같다. 그는 스스로 그것을 감당해야 한다.

그러나 믿는 이에게, 양심을 구속하는 권위는 추상적인 도덕법이 아니라 하느님으로부터 오는 살아 있는 어떤 것이다. 그것은 우리의 가장 깊은 영혼에 새겨지며 하느님으로부터 오고 준수를 요구하는 거룩하고 선한 것이다. 하느님 자신이 본질적인 선이며, 그분은 우리가 그분처럼 선하게 되기를 바라신다. 그러므로 우리가 죄를 지을 때 우리는 이 선성을 거슬러 죄를 범하는 것이다.

우리가 '빚'을 이렇게 이해하고 하느님을 이러한 개념들의 질서 안에서 이해할 때, 용서에 대한 청원이 진정한 의미를 갖게 되지 않는가? 우리가 이 단어에 그것이 우리의 정신과 마음 안에서 지니는 진정하고 고유하며 손에 잡히는 의미를 부여한다면, 그렇게 이해된 하느님은 그러한 빚을 용서하실 수 있는 분이 아니신가? 어떻게 그분이 그것을 거부하실 수 있으시겠는가? 그분이 선이 이루어지기를 요구하신다면, 그분은 변덕스러운 것을 요구하시는 것이 아니라 그분 자신이 나타내는 바로 그것을 요구하시는 것이다. 그분 자신의 거룩하심이 선이다. 그분은 말하자면 인간에게 당신 자신을 요구하신다. 그분은 당신 자신을 위하여 이를 행하셔야 한다. 그분이 하느님이시기에, 그분은 달리 행할 수 없으시다. 하지만 '용서'는 무엇을 뜻하는가?

하느님의 이 요구가 얼마나 드높은 것인지 그 진지함을 고려한다면, 용서의 개념은 아직 온전히 명백하지 않다. 그것은 아직도 파악되지 않는 것으로 보인다. 우리가 우리에게 구속력을 갖는 권위가 "도덕법"이 아니라 하느님 자신의 엄격한 거룩함이라고 결정할 때, 우리는 아직도 추상적인 것에서 충분히 멀어진 것이 아니다. 우리는 더 구체적이 되어야 한다. 계시는 우리에게, 구속력을 갖는 권위는 하느님의 거룩한 뜻이라고 말해 준다. 그 뜻은 모든 사람들을 인도하며 그들 가운데에서 나를 인도한다. 이 하느님의 뜻에는 온전히 인격적인 측면이 있다. 그것은 계명이 유효하고 많은 이들 가운데 한 사람인 당신에게 구속력을 갖는다고 말할 뿐만 아니라, 계명이 나의 개별적인 삶 안에서 나를 위한 것으로 만들어졌다고 말한다. 가장 깊은 본질에 있어서 그것은 모든 이들에게 추상적으로 적용된다고 개인으로서 나에게도 적용되는 것이 아니다. 물론 그것은 인류 전체를 포괄한다. 그러나 동시에 그것은 나의 유일한 실존 안에서 특별히 나에게 다가오고, 더구나 나를 소중히 여기시는 분의 마음의 요구와 관심으로서 나에게 다가온다.

그러므로 내가 빚진 것은 영원하고 보편적인 효력을 갖는다. "도덕법"이라는 단어가 뜻하는 모든 것, "선", "지극히 거룩하신 분의 요구들"은(절대적이고 보편적으로 유효한 통치권은) 그대로 남아 있다. 더 깊이 들어가 보면 우리는, 이제 비로소 도덕법의 참된 의미가 명백해졌음을 보게 된다. 그것은 우리의 자유에 어떤 기준에 대한 의무와 가치질서에 대한 인정을 포함하는 요구를 제기한다. 아래에는 자명한 법률이 있고 위에는 새롭고 추가로 더해진 무엇, 곧 사랑의 요구가 있는 것이 결코 아니다. 오히려, 하위의 것들은 상위의 것들에 비추어서만 자명하게 된다. 그러므로 인간의 자유를 제거하지 않으면서 그 자유에 의무를 부여하는 지고의 필연성을 지닌 법의 특성은 그것이 사랑의 성격을 입을 때에 온전히 드러난다. 그 준엄함은 그대로 남아 있지만 추상적 성격은 사라지고, 인격과 인격 사이의 친밀함으로 들어가게 된다. 더 정확히 말하면 창조주의 피조물에 대한, 하늘에 계신 아버지의 나에 대한, 당신 아들과 당신 딸에 대한 친밀함으로 들어오게 되는 것이다.

이제 우리는 그 밑바탕까지 이르렀다. 나에게 부과된 "너는 …… 해야 한다."라는 의무는 하느님과 나 사이에 존재하는 사랑의 관계에서 비롯된다. 그분의 계명은 그분이 나를 사랑하시는 방식이다. 그것은 그분 사랑의 내용이며 동시에 그분이 나를 사랑하실 수 있게 하는 필수적 전제이다.

여기에서 용서에 대한 청원은 깊은 매우 깊은 의미를 얻는다. 내가 하느님의 요구에 순종할 때 나는 비인격적인 법을 충족시킨 것만이 아니라 사랑의 관계를 완성한 것인데, 그것은 모든 추상적 법의 완성을 포괄한다. 그리고 그 결실은 의무를 다했다는 의식과 더 순수한 도덕적 가치에 대한 의식에 머무는 것이 아니라, 당신 자신을 나에게 주시는 하느님께 더 가까이 가고 더 생생하게 하느님 안에 참여하게 되는 데에 있다. 반면 내가 순종하지 않는다면 그것은 추상적 의미에서 잘못된 행동일 뿐만 아니라 하느님의 사랑을 거스른 죄이고 하느님에 대한 나의 사랑의 빚을 거스른 것이다. 그리고 그 결과는 소외, 멀어짐, 환상과 혼란과 죽음에 빠짐이다.

그러므로 이것은 추상적인 "법"과 "주체"가 마주치는 것이 아니라, 생생하고 살아 있는 것이다. 지극히 거룩하신 하느님이 인간에게 사랑과 관심을 갖는 것이고, 하느님께 말을 거는 것이며, 긴밀한 결합이고, 인간이 하느님 안에 그리고 하느님으로부터 존재하는 것이다. 이렇게 말해도 괜찮다면, 관계 안에 새로운 차원이 생겨난다. 그것은 창조적 차원이다.

내가 잘못을 범했다면, 나의 잘못은 "법"과 "주체" 사이의 추상적인 영역에 있는 것이 아니라 "나"와 "당신" 사이의 사랑의 영역에 있다. 말씀과 응답 사이에, 하느님이 인간이 되시고 그럼으로써 인간이 당신께 갈 수 있게 해 주신 그 거룩한 상호 관계 안에 자리한다. 그리고 내가 사랑으로 이 빛을 의식하는 길이 있으며(그것이 통회이다) 이로써 나는 하느님과 생생한 사랑의 관계로 들어가게 된다. 참회는 빛과 관련된 사랑이다. 참회로써 나는 하느님께 나의 죄를 용서해 주시기를 청할 수 있다. 결국 그분의 용서는 우리가 올바로 행해야 한다는 그분의 요구와 같은 의미를 지닌다. 거기에서도, 사랑하고자 하는 하느님의 뜻은 그분의 피조물을 향하고 있다. 그러나 지금은 죄를 지은, "빛이 있는" 피조물을 향하고 있는 것이다.

하느님의 강렬한 거룩하심이 동시에 당신 피조물에 대한 살아 있는 돌봄이었고 그분 계명의 영원한 타당성이 그 피조물에 대한 사랑의 관심이었듯이, 악에 대한 하느님의 단죄도 당신 자녀에 대한 사랑 어린 관심으로 나타난다. 어떤 사람이 지금 하느님의 염려에 함께하기 시작한다면, 새로워짐의 신비가 일어나고 "법"은 충족되며 동

시에 그 위반자에 대한 구원이 새롭게 이루어진다. 그리고 이것이 용서이다.[2]

그러나 모든 것은 죄인도 사랑의 상태에 있는지 여부에 달려 있다. 달리 말하면, 그가 자신의 잘못으로 갈라선 그 사랑의 유대로 돌아가는 데에 달려 있다.

따라서 주님의 기도는 용서를 청하는 사람이 스스로 사랑의 상태에 있을 것을 권고한다. 하지만 그를 신임하는 것은 아니어서, 그에게 자신이 정말로 사랑의 상태에 있는지 시험해 볼 기회를 준다. 그래서 이 청원에, 오직 이 청원에 조건을 붙인다. "저희에게 잘못한 이를 저희가 용

---

2 사랑이 용서의 조건이라는 이 생각들은 통회의 여러 종류들과 용서에 대한 그들의 관계에 대한 오랜 토론에 끼어들려는 것은 아니다. 여기에서 '사랑'은 넓은 의미로 이해되며, '두려움'에 반대되는 것이 아니라 추상적인 윤리적 태도에 반대된다. 그리스도교적 두려움은 이렇게 이해된 사랑의 영역 안에 속한다. 그 사랑은 개인 안에서 하느님을 향한 사랑에 의하여 그리고 그분 사랑에 대한 그리스도교적 믿음에 의하여 형성되는 삶의 방식을 뜻하는 것이다.

서하오니 저희 죄를 용서하시고." 이렇게 연결된 두 문장은, 용서를 청할 수 있지만 오직 그 요청을 합당한 것이 되게 하는 상태에 있을 때에만 청할 수 있음을 뜻한다. 단순히 도덕적인 부끄러움이나 우울, 나쁜 결과에 대한 두려움의 문제가 아니다. 당신에게 잘못한 동료 인간에게 당신이 어떻게 반응하는지를 스스로에게 물어본다면, 당신이 애덕을 갖고 있는지 분명하게 보게 될 것이다.

여기서 우리는 매우 의미 깊은 것을 기억하고 있다. 주님께 율법에서 가장 크고 첫째가는 계명이 무엇인지 물었을 때 그분은 이렇게 대답하셨다.

> "'네 마음을 다하고 네 목숨을 다하고 네 정신을 다하여 주 너의 하느님을 사랑해야 한다.' 이것이 가장 크고

첫째가는 계명이다."³

그다음에 충격적인 문장이 뒤따른다.

"둘째도 이와 같다. '네 이웃을 너 자신처럼 사랑해야 한다.'는 것이다."⁴

참으로 기이하다. 처음에 언급한 계명이 "가장 크고 첫째가는" 계명이라면, 어떻게 둘째 계명이 "이와 같을" 수 있는가? 이 말은 무슨 뜻인가? 분명, 보기에는 "네 마음을 다하여 하느님을 사랑해야 한다.", 그리고 "네 이웃을 너 자신처럼 사랑해야 한다."라는 두 계명이 서로 다른 것으로 보이지만, 실제로 이들은 하나라는 것이다. 그저 동일한 것이 아니라, 단 하나이다. 나는 하느님께서 내가 그것이 되도록 창조하신 바로 그것이 되고자 할 때에만 하느

---

3 마태 22,37-38
4 마태 22,39

님을 사랑할 수 있다. 그런데 그분은 나를 창조하셨고 내가 공동체의 한 사람이, 사회적 존재가 되기를 원하셨다. 그분은 내 개별적 자아 안에서 나를 사랑하시지만, 다른 이들 사이에서 살아가는 나를 사랑하신다. 그분께서 나에게 요구하시는 사랑은 그분과 나 사이의 일치의 신비이지만, 바로 그 때문에 또한 나와 다른 이들 사이에, 그리고 그분과 모든 이들 사이에도 일치가 있어야 한다. 사랑은 그분으로부터 시작되는 흐름이다. 그것은 나에게로 흐르지만, 나를 거쳐 모든 다른 이들에게 흐른다. 그것은 같은 심장에서 나오지만 많은 지체들로 흐르는 피의 순환이다.

그러므로 내가 죄를 짓고서 그 사랑으로(하느님의 마음으로부터 흐르는 그 순환으로) 돌아가기를 원한다면, 그런데 누가 나에게 죄를 지었다면, 그와 나의 관계는 나와 하느님의 관계와 마찬가지가 된다. 내가 나와 함께 그를 용서의 일치로 데려가지 않는다면, 나는 그와 나 사이에 담을 쌓는 것이지만 또한 나와 하느님 사이에도 담을 쌓는 것이다. 아니, 내가 이웃과 나 사이에 쌓는 바로 그 담이 나와 하느님 사이의 담이 된다. 이것은, 내가 사랑의 상태에 있지 않고 용서를 받을 수 없음을 보여 준다.

그러므로 주님의 기도는, 죄가 오직 사랑으로 하느님과 일치됨으로써만 극복될 수 있음을 보여 준다. 따라서 죄를 가지고 하느님께 갈 때에는, 내가 사랑의 조건에 있는지 스스로 점검해 보아야 한다. 이것은 어떤 사람이 옷을 똑바로 입었는지 아닌지, 빚을 갚았는지 아닌지처럼 알 수 있는 것은 아니다. 사랑은 믿음을 요구하기 때문이다. 하느님이 나를 사랑하신다는 것, 그러나 또한 나도 그분의 은총으로 그분을 사랑한다는 것(이러한 것들은 이 세상에 속하지 않는다). 이것들은 은총이고 신비이며, 따라서 나는 그저 경건하게 그것을 희망할 뿐이다. 하지만 만일 내가 내 이웃에게 그가 나에게 잘못한 것을(모욕, 공격, 상해, 화난 말들, 중상, 가혹한 판단, 거친 행동, 그리고 그가 나에게 잘못한 모든 것) 진심으로 용서해 준다면, 그것은 내가 하느님을 사랑하고 있다고 믿고 희망할 수 있다는 보증이 된다.

다른 이들에 대한 나의 용서가 진실한 그만큼 나는 내

가 하느님의 사랑 안에 있다고 확신할 수 있다. 내가 진정으로 나의 내적인 저항을 극복할수록, 나의 미움이나 거부를 극복하려고 진실하게 노력할수록, 그가 나에게 행한 잘못된 행동의 깊은 곳까지 도달할 정도로 내가 참되고 진정하고 해방을 가져다주는 용서를 더 깊이 허락할수록 나는 더 큰 신뢰로 내가 하느님의 사랑 안에 있기를 바랄 수 있고 용서를 구하는 나의 청원이 받아들여지기를 바랄 수 있다.

> "너의 하느님을 사랑하고 네 이웃을 너 자신처럼 사랑해야 한다."

이 말은, 하느님께서 너를 용서해 주시기를 원하는 것처럼 다른 이들을 용서해야 한다는 것을 뜻한다. 너에게 이루어지도록 네가 청하는 것을 너는 다른 이들에게 행해야 한다. 그럼으로써 용서의 유일한 길인 사랑의 피가 온전히 순환할 수 있게 해야 한다.

물론 우리는 한 가지를 잊어버렸다. 우리가 이 청원을 감히 발설할 수 있기 전에 이 청원이 요구하는 첫 번째 전제는, 하느님 앞에서 우리에게 잘못이 있음을 솔직히 인정하는 것이다. 그리고 그것은 당연히 여겨질 수 없다.

명백하게 드러나는 죄를 지은 사람에게 이것은 그가 자신의 잘못을 참으로 인정해야 함을 뜻한다. 그는 자신을 변명할 수 있는 자기주장을, 자신의 행위에 대한 책임을 약하게 할 수 있는 소심함을, 가장 나쁜 부분을 피해 가려 하는 은밀한 속임수를 버려야 한다. 한편 "선한 삶"을 영위하는 이들에게 이러한 인정은 그의 "선함"이 얼마나 보잘것없는 것인지, 거기에 얼마나 많은 이기심과 편협함, 솔직하지 못함과 다른 동기들이 섞여 있는지 깨달음을 뜻한다. 그는 흔히 그의 "선함"이 오직 그를 감싸 준 좋은 상황들과 그를 이끌어 간 기회들, 그리고 그를 보호해 준 특권에 기인했다는 것을 깨달아야 한다. 더 깊이 들어가면,

그는 그와 그의 선한 삶이 어디에서나 인간의 죄와 하나로 결합되어 있음을 알고 인정해야 한다. 그의 모든 선행과 악행은 결국 죄스러운 인류의 큰 순환 안에서의 차이일 뿐이며, 그 안에서 우리 모두는 "하느님 앞에 잘못을 지닌 채"[5] 용서를 필요로 하는 상태로 서 있다.

주님의 기도의 청원이 우리에게 어떻게 경고하는지 살펴보라. 그 청원은 우리가 결정적으로 범한 죄들에 대해 우리의 잘못을 인정하도록, 우리가 흔히 사소하게 여기는 잘못된 행동들이 얼마나 큰 것인지를 깨닫도록, 그리고 우리의 덕과 의로움 아래 숨어 있는 죄들을 보도록 경고한다. 그러나 그 모든 것 위에, 우리가 죄를 지었을 뿐만 아니라 우리가 죄인들이며 우리의 전 존재로 하느님 보시

---

5 에즈 9,15 참조

기에 죄스러운 상태로 서 있음을 깨달으라고 말한다. 그것은 우리에게, 스스로 의롭다고 여기는 교만함으로 우리 자신을 인류로부터 따로 떼어 놓으려 하지 말고 정직하게 인류의 보편적인 책임 안에서 우리의 자리를 찾으라고 말한다. 그것은 우리에게 우리 자신의 개인적 잘못을 위해서만 기도하지 말고 모든 이들을 포괄하는 잘못에 대해서도 기도하라고 경고한다. 하느님께서 우리의 눈을 열어 주시기를, 그 마법을 풀고 우리가 그 잘못에서 일어나 거듭 그분께로 되돌아가게 해 주시기를 기도하라고 말한다.

그리스도인이라는 것은, 계속해서 잘못으로부터 일어나(그 잘못은 공통된 하나의 큰 잘못과, 그것이 포함하는 우리의 개인적 잘못 모두를 가리킨다) 하느님께로 돌아와 그분께 용서를 청하는 것을 의미한다. 그리고 그것은, 계속해서 다시 주어지는 용서에 의하여 점차로 변화됨을 의미한다.

여섯 번째 청원

저희를 유혹에 빠지지 않게 하시고

Et ne nos inducas in tentationem

주님의 기도에 대한 우리의 묵상은 끝에 다가가고 있다. 고찰할 청원은 아직 두 가지가 남아 있다. 이들은 한 문장으로 결합되어 있는데, 그 첫째는 "저희를 유혹에 빠지지 않게 하시고"이다.

지금까지의 묵상들에서 우리는 되풀이하여, 우리가 자주 주님의 기도를 되풀이하기 때문에 얼핏 친밀하게 이 기도를 알고 있다고 여기지만 곧 예상치 못한 깊은 신비로 이끌리게 되는 것을 보았다. 이번에도 우리는 주님의 기도로 들어가는 길잡이가 되었던 청원을 기억할 것이다. 그것은 우리에게, 우리 앞에 있는 것이 교리 체계가 아니라 말하자면 살아 있는 조직과 같은 것임을 보여 주었다.

한 가지 생각이 다른 것으로 이어지고, 그것을 정의하고, 결정하고, 앞으로 나아가게 한다. 실재의 한 층은 더 깊은 곳에 있는 다른 층을 가리켜 보이고, 다시 그것은 더 아래에 깔려 있는 것을 보여 주고, 이렇게 계속된다. 여러 움직임들의 상호 작용이 드러났다. 의지가 결정되고, 마음이 움직여지고, 창조적인 과정이 내적인 인간을 형성했다. 실존 전체가, 구원된 인간이 자신의 동료들과 또한 피조물들과 함께 있고 그 전체가 하느님 앞에 서 있는 진정하고 그리스도교적인 실존이 표현되었다. 우리는 주님의 기도가 우리에게 그리스도인으로서 산다는 것이 무엇인지를 보여 준다는 것을 체험했다. 그 기도는 우리에게 오늘의 세상 안에서 그리스도인이 된다는 것은 무엇을 의미하고, 그리스도교적 특성이 어떤 실재를 형성하며, 그리스도인이 어떤 신념을 가지고 살아가는지를 알려 준다. 그리고 각각의 청원은 어떤 개별적인 관점에서 우리를 그 실존의 뿌리까지 이끌어 주었다.

우리가 지금 다루고 있는 "저희를 유혹에 빠지지 않게

하시고"라는 문장도 그와 같은 역할을 할 것이다. 다시 한 번 우리는 핵심에 도달하기 위하여 그 살아 있는 전체를 한 겹씩 벗겨 볼 것이다. 그렇게 하면서 처음에는 우리를 당황하게 할 수 있는 생각들을 마주치게 될 것이다. 하지만 그리스도교적인 삶을 산다는 것은 해로울 것이 없는 일이 아니다. 어둡고 어려운 것을 둘러서 표현하려고 애쓰는 것은 소용이 없다. 그것은 모든 것을 은밀하고 위험한 형태로 오히려 더 확실하게 터져 나오게 만들 따름이다. 하지만 우리가 이 어려운 것들을 그리스도교 신앙의 힘으로 용감하게 직면한다면, 하느님 사랑의 영광이 찬란하게 나타날 것이다.

이 청원은 "저희를 유혹에 빠지지 않게 하시고"라고 말한다. 이것은 무슨 뜻인가? 그것은 하느님이 우리를 죄를 지을 가능성 속으로 이끌어 들이지 않으시기를 청하는 것으로 해석될 수도 있을 것이다. 하지만 그런 뜻일 수는 없다. 우리는 이미 그러한 가능성 속에 처해 있고, 거기에서 우리를 다시 끌어내려면 기적이 필요할 것이기 때문이다.

하느님이 인간을 그 존재에서 강하고 의미에서 풍요로운 존재로 창조하신 이상, 인간이 자신을 스스로의 권리로 존재하는 것으로, 스스로 창조되고 자족적인 것으로 여길 가능성은 그때부터 영원히 존재한다. 그리고 인간이 창조되었고 자신의 지성적 생명에 있어 스스로 세상에 대하여 자립적으로 설정되었기 때문에(그는 스스로 식별하고 판단하고 결정한다) 그가 자신을 우주의 중심으로 여기고 자신과 우주의 모든 피조물을 그 자체로 충분한 존재의 본질적 요소로 여길 가능성도 그때부터 영원히 존재한다. 바로 그것이 죄일 것이다. 하지만 첫 번째 인간의 행위는 죄였고, 우리 모두의 잘못된 행동들 안에서 죄는 거듭 되풀이하여 저질러졌다.

이렇게 본다면 이 청원은, 필연적으로 가능한 이 일이 현실이 되지 않도록 하느님께서 허락해 주시기를 청하는 것일 수밖에 없다.

분명 이것은 그 청원의 일부이지만, 그 청원에는 훨씬 더 많은 내용이 들어 있고 우리는 더 깊이 탐구해 보아야 한다. 이 청원은 실존의 고유한 부분인 죄를 지을 가능성이 어떤 사람에게 덮쳐 오고 달리 어떻게 할 수 없게 되는 상황을 염두에 둔 것일 수도 있다. 그러한 경우에는 사물들이 그를 에워싸고 사건들이 그를 향하며, 일어나는 일들이 그와 마주쳐, 선과 악 사이의 선택이 요란하게 결정을 요구하게 된다. 단순히 둘 중 하나를 선택하는 것이 아니라, 악이 위험스럽게 가까이 오게 되는 경우가 있다. 인간에게 내재되어 있는 정념, 나태, 반항의 힘들이 깨어나 그 사람을 행동하게 만들 수도 있다. 그것이 진정한 의미의 유혹일 것이다.

유혹은 무섭게 사람을 괴롭힐 수 있다. 사무엘기는 격정적이고 제어할 수 없는 인물인 사울에 대해 말한다. 그는 필리스티아인들에 맞서 군대를 소집하고, 그가 공격

할 수 있는 순간을 초조하게 기다린다. 장엄한 제사를 바치기 전에는 공격을 해서는 안 된다. 사무엘 예언자는 자신이 도착하여 제사를 바칠 때까지 기다리라고 지시했다. 그는 아직 오지 않았다. 적들은 점점 격렬해지고, 사울의 부하들은 용기를 잃고 도망치기 시작한다. 그렇지만 아직도 사무엘은 오지 않는다. 시간이 다 되었다. 마침내 사울은 제사를 준비하라고 지시한다. 예언자가 등장하여 그가 시험에 통과하지 못하고 하느님께 버림을 받았다고 전해 줄 때에, 그는 아직도 말을 하고 있었다.[1]

전혀 예견하고 미리 대비할 수 없는 잡다한 분심들과 삶의 유혹들이 죄의 가능성을 긴급한 위험으로 만들어 놓고 다시 강렬한 유혹이 되게 하는 것은 누구에게나 일어날 수 있고, 거듭 되풀이하여 일어날 수도 있다. 그래서 이 기도는 우리를 거기에서 구해 주시기를 간청한다. 당신은 우리를 시험할 권한이 있으십니다. 당신은 우리를,

---

1 1사무 13,5-14

결정을 내려야 하는 위험 속으로 끌어들일 수 있으십니다. 하지만 주님, 우리의 약함을 기억해 주십시오!

그래서 이 청원은 진실을 겸손하게 인정하는 것이며 하느님의 자비에 호소하는 것이다.

하지만 또 다른 의미의 층이 있다. 하느님은 우리가 넘어지지 '않을 수 없을' 만큼 힘든 유혹을 허락할 수 있으실 것인가? 그렇게 할 능력이 있으시다는 것을 우리가 부인한다면, 그리고 그분의 신성을 고려할 때 그렇게 하실 수도 있다는 사실을 부인한다면, 우리는 하느님을 안전하게 만들어 놓고 있는 것이다.

어떤 시간도 고립되어 있지 않다는 것은 확실하다. 시간은 언제나 삶의 조직 전체 안에 함께 짜여 있다. 오늘의 유혹은 어제와 그 이전의 우리의 행동으로부터 자라나고, 이렇게 과거의 모든 시간을 거슬러 올라간다. 내가 행했거나 소홀히 했던 것은 모든 시간 내내 그대로 그 자리에 있다. 그것은 약함이나 강함으로, 보호나 위협으로 내 존재의 일부가 되었다. 그것은 나를 둘러싸고 있는 실재들,

사물들과 사람들, 상황과 연관들 속으로 침투했다. 그리고 지금의 유혹들이 있는 현재의 시간에, 그 모든 것들이 추출된다. 그러므로 과거의 많은 시간의 실패, 경솔함, 불순종, 나태, 정념이 내가 저항할 수 없는 유혹으로 갚음을 받는 것일 수 있다.

그러한 일이 있을 수 없다고 생각하는 것은 위험하다. 주님의 기도의 이 청원은 그것이 일어날 수 있으며, 하느님이 그것을 허락하시더라도 그분은 정의로우시다는 것을 알고 있다. 하지만 그 청원은, 하느님의 다른 특성이 그분의 정의보다 더 크다는 것에 의지한다. 그것은 바로 그분의 자비이다.

그래서 이것은 하느님의 인내를 간청한다. 하느님의 인내라는 것은 얼마나 위대한 생각인가! 전능하신 분만이 완전히 인내할 수 있으시다. 영원하신 분만이 조급하지 않게 기다릴 수 있으시다. 그분만이, 주님만이, 지고하신 분, 모든 것이 그분께 속하고 모든 것이 그분께 순종하는 그분만이 당신 피조물이 잘못된 길을 가는 것을 모두 기다리시고 미로의 끝에 서 계실 수 있으시다. 그것은 그분을 화나게 하지 않는다. 그분 정의의 결정을 방해하지도 않는다. 그분을 초조하게 만들지도 않는다. 그것은 오직 그분이 정하신, 고요하고 거룩한 자유 안에서 용서와 사랑의 업적을 완성하시는 원인이 될 따름이다. 창조주의 영광스러운 승리로, 그 용서와 사랑은 인간의 관점에서 가능하다고 또는 불가능하다고, 옳다고 또는 그르다고 여겨지는 모든 것을 넘어서며, 은총과 성령의 "새로운 삶"[2]에까지 이른다. 주님의 기도가 향하는 "예수 그리스도의 아버지 하느님"[3]은, 인간적인 관점에서는 끝에 도달한 사람을 나락에서 불러내어 그에게 다시 시작할 수 있다고 말씀하신다. 통상적인 정의의 법에 따르면 과거의 약함과 잘못이 치명적인 유혹이 되어야 할 때, 하느님은 마음을 새롭게 하시어 유혹을 극복할 힘을 주실 수 있으시다.

---

2 로마 6,4
3 콜로 1,3; 1베드 1,3

인내의 하느님. 저희가 당신의 평온하고 그르침이 없는 손에서 떨어지지 않게 해 주십시오.

이제 핵심에 도달한 것인가, 아니면 우리 실존의 뿌리까지 더 깊이 들어가야 하는가? 예정의 헤아릴 수 없는 신비를 말하는 로마서 9장은 어떠한가? 하느님께서 모든 것을 알고 계시고, 그분의 뜻이 아니면 어떤 일도 일어나지 않으며, 어떤 것에도 하느님 외에 다른 원인이 없고, 존재하는 모든 것은 오직 하느님으로부터 존재하며 우리의 영원한 운명도 그렇다는 것은 어떠한가? 인간이 하느님보다 더 높은 정의의 법정에 호소할 수 없다는 것은 어떤가?

"작품이 제작자에게 '나를 왜 이렇게 만들었소?' 하고 말할 수 있습니까? 또는, 옹기장이가 진흙을 가지고 한 덩이는 귀한 데 쓰는 그릇으로, 한 덩이는 천한 데 쓰는 그릇으로 만들 권한이 없습니까? 하느님께서 당신의 진노를 보이시고 당신의 힘을 알리기를 원하시면서도, 멸망하게 되어 있는 진노의 그릇들을 큰 은혜로 참아 주셨다면, 그리고 영광을 받도록 미리 마련하신 자비의 그릇들에게 당신의 풍성한 영광을 알리려고 그리하셨다면, 무엇이라고 대답하렵니까?"[4]

신비를 정확히 구별하고 꿰뚫어 보려는 모든 시도는 결국 헛되다. 거기에는 하느님을 작게 보이게 만들고, 인간을 피조물과 피조물이 아닌 존재의 중간쯤 되는, 반쯤 자립적인 존재로 공중에 매달아 놓을 위험이 있다.

그렇게 되어서는 안 된다. 파악할 수 없는 신비는 그대로 두어야 한다. "하느님은 악인의 죽음을 바라지 않으시고, 악인이 자기가 걸어온 길을 버리고 돌아서는 것을 바라신다."[5]라고 확실하게 전제해 놓고, 모든 악은 오직 인

---

4 로마 9,20-23
5 에제 18,23

간으로부터 오며 지극히 거룩하신 하느님으로부터 오지 않는다고, 그러므로 인간의 영원한 단죄는 그 자신의 탓이며 하느님은 그 선고를 내리실 뿐이라고 해 놓고, 우리의 이해력을 최대한 발휘하고 가능한 모든 구별을 해 놓고 나서도, 발생하는 모든 일은 결국 오직 하느님으로부터 오는 것일 뿐만 아니라 그분 결정의 신비 안에 들어 있는 것이라는 사실은 그대로 남는다.

이것은 밝힐 수 없는 신비이다. 이것은 많은 이들의 정신에 짐이 되었고 영혼을 어둡게 했다. 여기에서 우울한 신학이 생겨났다. 하지만 우리는 그것을 부인함으로써 없애 버릴 수는 없다. 오히려 우리는 그 그리스도교적 깊이를, 그리고 이와 연관된 모든 교리를 온전히 이해해야 한다. 질문을 잘못 던지면, 하느님의 예정과 결정은 하느님이 주신 우리의 인간 존엄성과 구원에 대한 우리의 갈망에 대해 마치 반란처럼 무서운 것이 된다.

그러므로 우리는 이렇게 물어야 한다. 그분의 결정으로부터 모든 것이 오는 그 하느님은 과연 누구이신가? 대답은, 그분이 사랑 그 자체이신 분, 그리스도께서 우리 아버지라고 말씀하시는 분이시라는 것이다. 그 결정은 그대로 남아 있고, 파악할 수 없는 신비도 그대로 남아 있다. 하지만 그 결정을 내리시는 분은 사랑하시는 분이시고, 그분 결정의 파악할 수 없음은 그분 사랑의 신비이다.

이것이 모든 것을 달라지게 한다. 어떤 것이 떨어져 나가는 것이 아니라, 모든 것이 받아들여지고 포용되고 젖어 들어 변화된다. 주님의 기도의 청원은 여기로 이끄는 것이다.

하지만 우리는 신비에 대해 말을 하는 데에 그치지 않고 그 신비와 협력해야 한다. 말만 하는 것은 소용이 없다. 생각은 그저 길을 가리켜 보일 뿐이다. 모든 것은 정신 안에서 실행될 때에만 실제적인 것이 된다.

그때 우리는 참된 행복을 발견한다. 우리의 그리스도교

적 삶은 은총이다. 하지만 이는 그 삶이 우리의 권리도 아니고 우리가 얻어 내는 것도 아니며 하느님의 자유로운 선물임을 뜻한다. 그것은 그분의 사랑으로부터 온다.

그리스도교의 행복은 거기에, 곧 신비롭고 파격적인 요소가 사고의 영역을 넘어 그것을 아름답게 만든다는 데에 있다. 은총, 카리스마는 노력과 의무의 영역 밖에 있는, 하느님의 자유로운 선물을 뜻한다. 하느님의 호의에 의해 완전히 무상으로 주어진다는 것이 그 매력이고 아름다움이다. 그리스도인 신분의 복됨은 바로 그것이 사랑으로부터 온다는 데에 있다. 그러므로 그리스도인은 모든 것이 참으로 하느님의 사랑으로부터 온다는 거룩한 관심에 주의를 기울인다. 하지만 이는 그것이 순전히 그분의 자유로운 선물로부터 오며 결코 권리나 보장에 의해 정해지지 않을 때에 가능하다. 다른 말로 하면, 그것이 실제로 은총으로 머물 때에 가능하다.

그리스도인은 이것이 그러해야 한다는 것을 매우 염려하기에, "안전"을 뜻하는 모든 것을 포기한다. 안전은 권리, 보장, 늘 같은 것을 뜻하기 때문이다. 그는 이런 것들을 남김없이 버린다. 그래서 그리스도인의 마음은 하느님이 인간을 만드시고, 그가 어떻게 될 것인지를 결정하시고, 그의 운명을 당신 뜻대로 이끄시는 것을 받아들인다. 예정의 참된 의미는 여기에 있다. 모든 것이 하느님의 자유로부터 온다는, 모든 것이 은총에 달려 있다는(그럴 때에만 그것은 사랑일 수 있기 때문이다) 마지막 보장이다.

예정 개념은 사랑의 개념이다. 달리 생각한다면 그것은 즉시 무서운 것이 된다.

그래서 그리스도인은 하느님께 이렇게 말씀드린다.

당신은 주님이십니다. 당신은 자유로우시고, 저에 대해서도 자유로우십니다. 저는 제 존재와 제 운명을 지니고 당신의 결정으로부터 옵니다. 당신의 결정은 지고하십니다. 그 판결이 무엇이든 그것은 옳습니다. 그것의 기준이 되어야 하는 다른 법은 없습니다. 오히려 모든 법이 거기에서 시작됩니다. 그래서 저는 그 결정이 뜻하는 대로, 순전히 자유롭게 이루어지기를 바랍니다. 저는 천상의 행복을 갈망하고, 당신이 그 행복이십니다. 하지만 저는 오직 당신께서 당신 자신을 주실 때에만 당신을 소유할 수 있습니다. 그리고 그것은 사랑입니다. 하지만 자유롭지 않다면 어떻게 사랑할 수가 있습니까? 그래서 저는 당신의 자유라는 모험을 합니다. 당신의 사랑이 그 자유로부터 온다는 것입니다. 당신은 저에게 당신의 자유가 "은총"이라 불린다고 말씀하셨습니다. 저는 오직 사랑으로부터 하늘의 행복을 누리기를 갈망하고, 그래서 당신의 자유라는 모험을 하며, 실패의 가능성을 포함하는 그 모든 결과까지 감수합니다.

이러한 생각은 과감하다. 그것은 어떤 체계로 축소할 수 없다. 그것은 '만일'과 '그러므로'의 교리적 구조가 아니라

하느님의 자녀와 그 아버지 사이의 대화이며 사랑의 기도이다. 그것을 체계로 축소하려 할 때마다 그 결과는 비참했고 교회는 그것을 단죄해야 했다. 이러한 진리들은 추상적으로 알 수 있는 것이 아니며, 기도와 사랑 안에서 깨달아야 한다. 그래서 그리스도인은 안전, 권리, 입증 가능한 상식을 뜻하는 모든 것을 버린다. 바로 그렇게 할 때 그는 하느님의 사랑과 조화를 이루게 되고, 어떤 안전보다 더 강한 결합에 이르게 된다. 그것은 마치 땅을 버리고 짐을 내려놓음으로써 자유롭게 위로 날아오를 수 있게 되는 것과 같다. 그가 안전을 포기하고 자유롭게 하느님의 사랑에 자신을 내맡기는 그만큼, 그는 모든 이성을 넘어서는 확신과 모든 안전을 넘어서는 희망을 경험하게 된다. 그때에 사랑으로 열리게 된 공간 안으로 해방되어 들어온 새로운 종류의 이성이 그의 경험으로 들어오게 된다.

그 길은 이러하고, 이래야 한다.

하느님 당신은 참으로 사랑이십니다. 당신은 참으로

저를 창조하셨습니다. 제 편에서는 더 이상 요구할 것
도, 거부할 것도 없을 것입니다. 더 이상 계산도, 권리
에 대한 생각도 없습니다. 모든 것이 끝났습니다. 당신
만으로 충분합니다, 하느님!

이 청원은 아주 깊은 곳으로, 그리스도인이 하느님을 향한 삶의 힘을 끌어내는 가장 깊은 곳으로 이끈다. 이러한 생각을 받아들인다면 당신은 때로는 어둡고 무서운 부분들을 담고 있는 바오로 사도의 로마서 9-11장이 이러한 탄성으로 절정에 이르게 되는 이유를 깨달을 것이다.

"오! 하느님의 풍요와 지혜와 지식은 정녕 깊습니다.
그분의 판단은 얼마나 헤아리기 어렵고 그분의 길은
얼마나 알아내기 어렵습니까? 누가 주님의 생각을 안
적이 있습니까? 아니면 누가 그분의 조언자가 된 적이

있습니까? 아니면 누가 그분께 무엇을 드린 적이 있어 그분의 보답을 받을 일이 있겠습니까? 과연 만물이 그분에게서 나와, 그분을 통하여 그분을 향하여 나아갑니다. 그분께 영원토록 영광이 있기를 빕니다. 아멘."[6]

---

[6] 로마 11,33-36

일곱 번째 청원

악에서
구하소서

Sed libera nos
a malo

이제 마지막 일곱 번째 청원에 이르렀다. 그것은 방금 말한 "저희를 유혹에 빠지지 않게 하시고"라는 청원과 연결되어 있다.

주님의 기도가 우리에게 가르치듯이 우리를 거기서 구해 주시기를 청해야 하는 악은 과연 무엇인가?

악은 무엇인가? 이 질문에 답하는 데에서 유일한 어려움은, 수많은 악들 가운데 선택해야 하는 것으로 보인다는 것이다. 악을 찾아내기 위해 특별히 애쓸 필요는 없다.

악은 사방에서 우리에게 몰려든다. 질병과 가난, 슬픔, 불행, 죽음. 우리 자신의 경험과 우리 마음의 앎은, 우리의 모든 고통을 세상의 주님께 가져가 그분께 우리를 도와주시기를 청하라고 재촉한다.

하지만 우리는 일용할 양식을 구하는 기도에서 이 청원을 그대로 받아들이지 말아야 한다는 것을 보았다. 이는 병을 고칠 의사가 있음을 알 때처럼 하느님이 가장 좋은 의사이기에 그분께 가는 것이 아니고, 경제적 어려움을 처리할 어떤 권위에 의뢰할 때처럼 가장 높고 신뢰할 만한 권위인 그분께 가는 것도 아니다. 우리는 그리스도인의 청원이 단순히 세상의 문제들을 동화처럼 처리하면서 그것을 쉽고 비현실적으로 만들 수 있는 호의적인 최고 권력에게 도움을 청하는 것을 넘어선다는 것을 이미 보았다. 그것은 눈으로 명백히 본 것을 한순간에 지워 버리는 순진하고 단순한 사람들의 환상을 나타내는 것도 아니다.

우리는 그리스도교의 청원이 하느님의 섭리를 향한다는 것을 보았다. 하지만 섭리가 무엇인지는 "너희는 먼저 하느님의 나라와 그분의 의로움을 찾아라. 그러면 이 모든 것도 곁들여 받게 될 것이다."[1]라는 말씀에서 명백해진다. 분명 섭리는 언제나 인간 안에서 이루어지고 있지만, 인간이 하느님 나라를 위한 염려에서 하느님과 일치하게 되는 그만큼 본래 의미의 섭리가 된다. 그때에 그를 둘러싼 세상이 변화된다. 참으로 하느님을 사랑하는 사람에게는 "모든 것이 함께 작용하여 선을 이룬다".[2] 그리고 "이 모든 것도 곁들여 받게 될 것이다".

여기에서도 마찬가지다. 하느님께 우리를 악에서 지켜 주시기를 청하는 모든 청원들은 섭리에 포함되며 섭리 자체의 전제인 하느님 나라에 대한 염려를 전제로 한다.

하지만 악에 관한 말들에는 더 많은 것이 담겨 있다. 악

---

1 마태 6,33
2 로마 8,28

에서 구해 주시기를 청하는 것이 하느님께 죄의 용서를 구하는 기도와 연결되어 있는 것은 이유가 있다. 이들의 연관을 잠시 살펴보기만 해도 두 문장이 모두 기본적으로 같은 것을, 곧 악이 죄로부터 오는 것이라는 점을 말한다는 것을 알 수 있다.

우리 일상의 경험을 살펴보자. 내가 이웃에게 화가 나 있고 그에 대해 미움과 혐오감을 느낄 때, 그의 모습은 본래대로 정확하게 나에게 와닿지 않는다. 말하자면 그것은 필터를 거치는데, 그 필터는 좋은 점들은 흘려보내고 나쁜 점들은 농축시키는 나쁜 필터다. 그의 말들은 그 본래의 소리로 나에게 전해지지 않으며 다른 음으로 옮겨진다. 나는 그의 다정함을 믿지 않고, 그 안에 나쁜 의도가, 정신적 유보와 다른 동기들이 숨어 있다고 생각하는데, 실제로 그의 말에는 그런 것들이 전혀 들어 있지 않다. 나는 그에게서 오는 모든 것을 불친절하게 또는 적대적으로 받아들여, 마치 어떤 악이 독을 퍼뜨리고 모든 것을 왜곡한 것처럼 보인다. 내 이웃이 의로움과 진정한 선의에 확고하게 자리 잡고 있지 못하다면, 그에 대한 나의 태도는 다시 그에게 나를 향하여 같은 태도를 취하게 할 것이다.

비슷한 것은 비슷한 것을 불러온다. 불친절은 불친절로, 혐오는 혐오로, 악함은 악함으로 응답을 받는다. 그래서 그렇게 많은 악들이 퍼져 있는 것이다. 내 안에 있는 악함이 아니라면, 그리고 내 이웃의 악함이 아니라면 달리 어디에서 그것이 나왔겠는가?

마음이 지칠 때에는, 가장 아름다운 것들도 가려진다. 마음을 움직이고 활기를 주어야 할 말들은 생명이 없게 된다. 흥분시켜야 할 사건들은 사람을 냉랭한 채로 있게 한다. 자유롭고 아름답게 일어나야 할 부드럽고 화사한 모든 것은 땅으로 떨어진다. 슬겁고 관대한 이들은 기가 꺾인다. 들뜬 이들은 하찮게 된다. 이 모든 것은 큰 악이지만, 마음과 그 악함으로부터 나온다.

어떤 사람이 정념에 사로잡히면, 그것은 그를 흥분시킨다. 그의 일상생활은 그를 격분하게 한다. 정념은 그에게 사람들과 사물들이 가치를 잃게 만들고, 그의 의무들을 지루하고 불쾌한 것이 되게 한다. 그것은 그의 생각과 감정들에서 질서를 무너뜨리고, 그를 반항하게 하며 모든 것을 혼란스럽게 만든다. 그것은 상처를 주고 억압하고 유혹한다. 악은 사방에서 그를 에워싸지만, 그것은 그의 정신 안에 있는 악으로부터 나오는 것이다.

이런 것들에 대해 얼마나 많은 말을 할 수 있는가!

세상은 홀로 존재하고 존속하지 않는다. 세상은 우리가 들어가 살 수 있는 완성된 집이 아니고, 우리가 그 안에 들어갈 수 있는 사물들의 완전한 질서가 아니다. 분명 그럴 수도 있지만, 우리가 '세상'이라는 단어를 더 진지하게 고찰할 때 생각하는 세상은 그런 것이 아니다.

세상은 인간을 위하여, 인간에 의하여 존재한다. 세상에는 두 개의 중심이 있다. 하나는 사물들 안에 있고, 다른 하나는 인간 안에 있다. 더 정확히 말하면, 그것은 개별 인간 안에, 사물들을 보는 그의 눈 안에, 그것들을 만나는 그의 의지 안에, 그것들을 느끼는 그의 마음 안에 있다. 그와 사물, 사물과 그 사이의 상호 관계 안에서만 그것은 "세상"이 된다. 이것은 비하하는 의미에서, 제쳐 두어야 할 것으로서 일컬어지는 "주관적"으로만 경험되는 것이 아니다. 오히려 세상은, 인간의 세상은 오직 인간과 사물이 서로를 만날 때에만 존재하게 된다. 인간은 그의 고유한 존재에 따라 세상을 형성한다. 따라서 그의 안에 악이 있다면 세상 안에 악이 있게 된다.

이것은 경건한 사변이 아니다. 우리는 인간의 세상에 관한 실제적 진리를 다루고 있다. 인간 "외부"에는 인간 정신의 사고와 시각을 통하여 질서 지어야 하는 혼란스러운 감각적 자극들만이 있다고 보는 것은 옳지 않다. 인간 외부에는 실제 사물들이 있고, 그 사물과 인격 사이에는 접촉이 있다. 하지만 '세상'이라는 단어의 참된 의미는 개인이 비추어 보고 평가하고 이해한 사물들의 총합도 아니다. 오히려 그것은 이 만남에서 생겨나는 사물과 인격의 상호 작용에 있다. 그 결과는 인간이 허락하고 결정하거나 영향을 미치는 것에 의하여 결정된다. 하느님이 창조 때에 의도하신 세상은 인간과 함께해야만 이루어진다. 하느님은 이 만남으로 세상을 완성하도록 인간을 부르셨다. 그러므로 이 만남의 결과는 인간 자신이 무엇인지에 의하여 결정된다. 그의 안에 있는 선은 이 세상의 선하고 빛나는 것이 되고, 그의 안에 있는 악은 세상의 악이 된다.

그러므로 우리가 다루는 청원은, 우리를 우리 안에 있는 악으로부터 구해 주시어 그것이 세상의 악이 되지 않도록 해 주시기를 청하는 것이다.

> 우리에게 악은 인간 안의 악으로부터, 내 안의 악으로부터 나온다는 것을 가르쳐 주십시오. 세상이 끊임없이 새로워질 수 있고, 인간 밖에 있는 선은 그의 안에 있는 선으로부터, 구원되었고 당신으로부터 신앙과 세례로 새 창조의 씨앗을 받은 인간의 마음으로부터 나온다는 것을 가르쳐 주십시오.

그렇게 될 때 악이 존재하지 않고 오직 선한 이들에게서 선이 나오기에 악이 억누르지 않는 "새 하늘과 새 땅"이 생겨나게 될 것이다. 내적인 거룩함으로부터 외적인 행복이 나오게 될 것이다. "첫 번째 하늘과 첫 번째 땅은 사라졌기"[3] 때문이다.

우리는 개인의 인성 안에 있는 악으로부터 나오는 악에 대해 말했다. 그것은 연관된 다음 단계들로 이끄는 첫 암시였다.

발설된 말은 그 소리가 사라질 때에도 허무 속으로 사라지지 않는다. 그것은 듣는 이들의 의식 속으로 들어가고, 말하는 사람의 가장 내밀한 존재 안에 각인된다. 그것은 기억과 마음 안에서, 그리고 그것이 만들어 낸 결과들 안에서 계속 작용한다. 이는 우리가 행하는 모든 것들과 마찬가지이다. 어떤 것이 우리의 자유 안에서 일단 시작되면, 그것은 실재의 일부가 되고 자신의 길을 계속 가며

---

3 묵시 21,1

그 실존의 경로 위에 영향을 미친다. 여기에서부터 세상 안에 우리가 "역사"라고 부르는 것이 엮어진다.

나를 억누르는 악은 하늘에서 떨어지지 않는다. 그것은 이전에 발설된 말들로부터, 과거의 능력 부족과 나태와 악한 행동들로부터 나온다. 마음의 악함은 세상 안에서 손에 잡히는 형태를 지니게 된다. 그것은 악으로 농축되고, 다른 곳에서 추문, 방해, 또는 억압적 분위기의 형태로 누군가에게 나타난다. 내가 맞서 싸워야 하는 악은 다른 이들 또는 나 자신으로부터 나오는 과거의 악이 농축된 것이다. 이 악이 다른 악의 불꽃을 일으키고, 그것은 다시 새로운 악의 씨를 낳는다. 하나의 악에서 계속 다른 악이 나오고, 그래서 악의 연쇄는 끝이 없다.

개인의 역사에서와 마찬가지로, 더 큰 규모의 역사에서도 그러하다. 전쟁은 자연의 힘에 의해서 시작되는 것이 아니라 어디에나 있는 이기심에서, 자신의 이익만을 생각하는 완고함에서, 다른 이들의 운명에 대한 무관심에서, 권력에 대한 탐욕에서, 허영과 무질서한 야망, 소유욕, 다른 이들을 억압하고 괴롭히고 파괴하려는 불가사의한 충동에서 시작된다. 마지막 전쟁이 시작되었을 때 그 힘은 수백만의 마음속의 악으로부터, 인류의 깊은 곳에 있는 악으로부터 축적된 것이었다.

어디서나 인간을 억누르는 고통은 보편적 악으로 개인과 마주한다. 그것은 땅에서 또는 자연의 필연성에서 나오는 것이 아니라 인간성에서 나온다. 우리가 지구에 모든 이들을 위한 공간과 양식이 있는지를 자문한다면, 가능한 답은 오직 한 가지다. 그런데도 많은 이들은 집도 양식도 없다. 실제적인 악은 자연에서 나오는 것이 아니라 냉정하고 완고한 이기심, 무관심의 게으름, 피상적이고 쾌락을 추구하는 경솔함에서 나오는 것이기 때문이다. 그러므로 "저희를 악에서 구하소서."라는 청원은, 악함으로부터 악이 끊임없이 생겨나고 다시 새로운 악을 낳는 그 무서운 연쇄 반응이 끊어지게 해 주시기를 청하는 것이다. 하지만 그것은 각자의 마음이 자신을 하느님께 바치고 그분의 뜻이 이루어지도록 할 때에만 끊어질 수 있다.

악의 엉긴 타래는 존재한다. 하지만 그 안에 걸려드는 것은 맹목적인 운명이 아니다. 구원은 모두에게 왔고, 각자 안에서 실현될 수 있다. 하느님 자녀의 자유는 하느님으로부터 인간 안에 일깨워질 수 있고, 해방된 마음으로부터 솟아나는 구원의 능력은 보편적 악의 연쇄를 뚫고 갈 수 있다.

바오로는 우리에게, 모든 악이 죄로부터 온다고 말한다. 그것은 모두의 단일한 큰 죄를 말한다. 이는 첫 인간이(그리고 그 안에서 온 인류가) 하느님의 뜻과 이루던 사랑의 결합을 깨뜨리고 그래서 인류가 버려짐, 황폐함, 폐허, 죽음 속으로 떨어지게 되었을 때 발생한 죄를 말하는 것이다. 이 죄는 모든 이들의 마음 안에 살고 있다. 그것은 우리 모두의 개인적 죄들 안에서 작용하고, 새로운 죄를 낳는다. 서로 분리되고 무관한 수많은 죄들이 있는 것이라기보다, 개인들의 죄는 말하자면 죄라는 것 자체 안에 자리하는 것이기 때문이다. 로마서가 말하는 것은 그 두렵고 불가사의한 단일성, 그 속박과 힘이다. 모두의 죄는 각 개인에게 짐이 되고, 모두는 어떤 식으로든 각자가 범하는 죄에 영향을 받는다. 그러므로 죄에서 구해 주시기를 청하는 것은 모든 인류를 위한 청원이 된다. 그 청원에서 개인은, 인간 삶의 악들의 원천인 인류의 죄를 하느님 앞으로 가져온다. 각 개인은 자신의 것을 포함하여 모두의 죄와 비참을 가져온다. 그것은 전체로서의 악으로부터 해방을 청하는 것이다.

그러나 이렇게 생각할 때 우리는 그리스도교적 생활 전체의 더 내적이고 일상적인 측면을 넘어서게 되고 여기에서 생각은 그 절정에 도달한다.

이 청원에서 말하는 악으로부터의 해방은 결국 현세적인 시간에 관한 것이 아니다. 그것은 그리스도께서 나타나실 때에 오게 될 해방 내지 구원을 말하는 것이다. 이에 대한 의식이 청원 전체에 담겨 있다. 죄와 악은 상상할 수 없이 거대한 것이고 죄라고 일컬어지는 것은 하느님의 업적의 뿌리까지 스며 있어서, 진정한 구원은 죄와 죽음이 그 여정을 다한 다음 죽음, 부활, 마지막 심판을 통하여 하느님께서 세상을 다시 당신의 거룩한 뜻과 일치시키실 때에야 이루어질 것이다. 모든 그리스도교 사상의 마지막 말, 모든 그리스도교적 고독의 최종 목표는 더 이상 현세적 우주와 역사적 시간에 적용되지 않는다. 그리스도인의 삶은 과학적으로 말해서 지구가 새로운 빙하기에 빠져들 때에 또는 천체 물리학적 관점에서 상상할 수 있는 "세상의 끝"이 어떠하든 그때에 어떤 일이 일어날 것인지를 중심으로 하지 않는다. 그 중심은 주님의 두 번째 오심에, 하느님의 세 번째 개입에 있다. (두 번째 개입은 구원이었고 첫 번째 개입은 창조였다.)

요한 묵시록의 마지막에서, "오십시오, 주 예수님!"[4]이라는 외침이 주님을 기다리는 이들의 무리로부터 올라온

---

4 묵시 22,20

다. "저희를 악에서 구하소서."라는 탄원의 깊은 곳에서, 그와 동일한 외침이 되울린다. 끊임없이, 헤아릴 수 없이 많은 마음들로부터, 많은 이들이 그 가장 깊은 의미를 알지 못하는 이 청원이 하느님께로 올라간다. 깊이는 그대로 동일하지만, 어둠은 쌓여 올라간다. 창조된 세상의 중심이 하느님께 탄식하며, 종말이 오기를 "탄식하며 진통을 겪고"[5] 있다. 이 청원에서 하느님을 부르는 것은 이 깊이다.

여기서 하느님을 부르는 것은 그리스도교적 의식의 가장 깊은 층이다. 그 층은 세상이 대충 수선할 수 있는 것이 아니고, 긍정적인 생각으로 좋게 만들 수 있는 것이 아님을 알고 있다. 너무나 많은 상상할 수 없는 일들이 일어났고, 이에 대해 하느님이 내놓으신 것은 그분의 사랑 전체이다. 측량할 수 없는 죄의 재앙, 역사를 통하여 흘러가는 악의 두려운 연쇄. 그것을 물리치기 위해 인간이 개인

---

5 로마 8,22

적으로나 일반적으로나 모든 것을 다해 본 후에, 하느님만이 참으로 이에 대해 무엇인가를 하실 수 있으시다는 것을 깨닫게 된다. 그리고 모든 것이 선이 될 수 있을 뿐만 아니라 새롭게 될 수 있는 시간의 종말, 영원의 시작이 오기를 기다리는 갈망이 부풀어 오른다.

아멘

Amen

주님의 기도에 대한 우리의 묵상이 끝에 이르렀다. 처음에 우리는 주님의 기도의 풍요로운 심오함으로 우리를 이끌어 줄 입구를 찾았고, 하느님의 뜻이 이루어지기를 구하는 청원이 그 입구가 된다고 보았다. 이 기본적인 청원에서 기도자는 하느님께 가르침을 받아 아버지의 뜻에 대한 염려에 동참하게 되고, 그럼으로써 하느님 자신과 같은 생각을 갖게 된다. 그렇게 하여 우리는 주님의 기도의 핵심, 곧 그리스도인이 하늘의 아버지와 결합되는 데에 이르렀다.

　이어서 각각의 문장이 전체의 의미를 열어 주었다. 전반부의 청원들은 우리에게 하느님 이름의 신비를, 그분

나라의 신비를, 그분의 뜻과 또한 하늘에서와 땅에서 그 뜻이 갖는 의미의 신비를 알려 주었다. 그다음에 우리는 기도의 후반부로 들어왔는데, 그 부분은 단순하고 분명하게 매일의 삶에 대해 말한다. 하지만 우리는 그것을 기도의 전반부에 비추어 해석해야 하며, 그렇게 볼 때 이 안에서 나타나는 실존의 단순한 분명함은 실상 매우 위대한 것임을 알게 되었다. 그것은 첫 청원들에 내포된 신비들로부터 삶을 이끌어 내는 하느님 자녀들의 단순함이다. 여러 청원들을 각각 살펴볼 때, 매번 그 거룩한 깊이의 힘을 체험할 수 있었다.

그리스도교의 관습은 주님의 기도의 거룩한 문장들을 '아멘'이라는 마지막 단어로 끝맺는다. 이 단어의 의미를 고찰해 보자.

우리는 주님의 입에서 이 단어를 만나게 된다. 그분은

특별히 장엄한 순간들에 이 단어를 발설하신다. "내가 진실로 진실로 [아멘, 아멘] 너희에게 말한다."[1] 이것은 구약성경의 기도 언어에서 유래하며 말해진 내용이 참되다는, 하느님 앞에서 참되다는 주장과 단언을 엄밀하고 충실하게 확인하는 것이다. 그러한 의미에서 이 단어가 주님의 기도의 끝에 자리하고 있다. 그렇다면 그 단언과 주장의 내용은 무엇인가?

마르타가 주부로서 주님을 위해 모든 것을 준비하느라고 "많은 일을 염려하고 걱정"할 때, 예수님은 그에게 "필요한 것은 한 가지뿐"이라고 말씀하셨다. 그분께 귀를 기울이며 조용히 그분 발치에 앉아 있던 마리아는 "좋은 몫을 선택하였다".[2] 우리는 이 말씀을 들었고, 전 존재로 하

---

1 요한 1,51
2 루카 10,41-42

느님을 향하여 있는 것은 언제나 더 좋은 몫이 될 것이다. 하지만 그리스도께서는 다른 말씀도 하셨다.

> "나에게 '주님, 주님!' 한다고 모두 하늘나라에 들어가는 것이 아니다. 하늘에 계신 내 아버지의 뜻을 실행하는 이라야 들어간다."[3]

이 말씀은 우리에게, 기도에만 전념한 삶을 위협하는 열매 없음의 위험을 지적해 준다. 관상하고 행하지 않는 위험, 느낌으로 충분하다고 여기고 의지를 사용하지 않는 위험, 수동적인 만족, 우유부단함, 행동이 없음의 위험. 아멘이라는 말은 우리에게, 올바른 기도는 행위이기도 하다는 것을 일깨워 준다. 그 행위는 외적이 아니라 내적인 행위이고, 내적인 완성이다. 기도는 꿈꾸고 갈망하면서 실재를 외면하지 않는다. 오히려 그것은 인격 전체

---

[3] 마태 7,21

를 요구한다. 그의 관상, 그의 의지의 긴장, 그의 마음의 움직임을 요구한다. 마음이 하느님을 향하여 열리고 뻗어 가는 진정한 움직임이 일어나야 한다. 통찰을 책임으로 옮겨 놓는 강인함이 있어야 하고, 이 모든 것이 곧 사라져 버릴 일시적인 태도가 아니라 매일의 행동 안에서 표현되는 정신의 확고한 틀이라는 것을 보증해 주는 결단이 있어야 한다.

이 모든 것이 마지막의 아멘에 내포되어 있다. 그것은 기도의 진지함을 확증한다.

주님은 "세례자 요한 때부터 지금까지 하늘나라는 폭행을 당하고 있다. 폭력을 쓰는 자들이 하늘나라를 **빼앗**으려고 한다."[4]라고 말씀하셨다. 하늘나라는 동화처럼 하늘에서 떨어지는 것이 아니며, 인간의 본성으로부터 필연적으로 전개되는 것도 아니다. 그것은 하느님으로부터 오며, 계속 오는 중이다. 그러나 인간은 그것을 붙잡고 자

---

4 마태 11,12

신에게로 끌어당겨야 한다. 그는 투신의 모험을 해야 한다. 하지만 인간 본성 안에는 이에 저항하는 것이 많이 있다. 하느님 나라를 정말로 원한다면 포기해야 하는 갈망들, 하느님의 나라가 그 안에서 영향을 미치게 되면 조절하거나 해결해야 하는 정념들. 우리는 사방에서 제한되어 있다. 사슬들이 우리를 꼭 묶어 놓고, 끊어지지 않으려 한다. 이기심은 우리를 잡아 두고 보내 주지 않으려 한다.

하느님 나라에 도달하기 위하여 사용되어야 하는 "폭행"이 개입하는 것은 바로 여기에서이다. 우리는 우리 자신을 끊어 버려야 하고, 우리를 묶고 있는 사슬과 인간적 존경, 애착, 고착된 환경, 관계, 습관, 의무라고 하는 것들 등 우리를 에워싼 제약을 끊어 버려야 한다.

아멘은 이러한 결단을 뜻한다. 아멘은 그 결단을 불러일으키고 봉인한다. 주님의 기도 전체는 하느님 나라를 중심으로 회전한다. 그것은 하느님 나라가 가깝다는 의식과 그 도래에 대한 희망을 표현한다. 아멘은 "나는 그 나라가 오기를 바랍니다."라고 말한다. 아멘은 그 나라를 향해 가 닿는다. "그렇게 되기를!" 그리고 아멘은 그 앞의 청원들에도 힘을 미친다. 그 청원들은 아멘의 열성과 거룩한 결단으로 기도해야 하는 것이다.

<>•<>

우리 주님의 첫 번째 선포는 "하느님의 나라가 가까이 왔다. 회개하고 복음을 믿어라."[5]라는 말씀이었다.

하느님 나라는 꿈속의 선물처럼 우리 품으로 떨어지지 않는다. 그것은 마법처럼 우리를 사로잡지도 않는다. 복음은 그것을 가르친 이들의 말과 글로, 사건들로, 경험으로, 마음을 움직이는 개인적 만남으로 선포되어 우리를 부른다. 복음의 기쁜 소식은 우리를 부르고, 우리는 그것을 믿어야 한다. 하지만 복음을 믿으려면 회개할 준비가 되어야 한다. 그렇지 않다면 우리는 귀가 멀고 둔감하고

---

5 마르 1,15

매여 있으며 복음에 닫혀 있게 된다. 언제나 하느님으로부터 멀어져 가는 우리는, 돌아서서 그분께 가야 한다. 분산되고 사물과 사람들에게 빠져 있는 우리 마음은 그분께 복종해야 한다. 우리는 반항으로 가득한 우리의 의지를 그분의 뜻 아래 꺾어야 한다.

이 모든 것은 말하기는 쉽지만 행하기는 말로 표현할 수 없을 만큼 어렵다. 그것이 어려운 이유는 우리 안에 그만큼 저항이 많기 때문만이 아니라(의지는 자신을 닫아 버리고, 정념은 단단히 자리 잡고 있고, 우리의 내적 본성은 천 개의 뿌리로 옛 습관에 매여 있다) 우리의 본성 전체가 계속해서 변화하는 상태에 있기 때문이기도 하다. 이따금 우리의 본성을 깊이 들여다볼 때에야 우리는 이를 알 수 있다. 어떤 의무에 동의하고 '예'라고 말한다고 해서 그것이 참으로 구속력을 갖게 되는 것이 쉬운 일인가? 우리의 전 존재로 동의하는 것이 쉬운가? 어떤 정신적 유보도 없이, 어떤 부수적인 요소의 여지를 남겨 두지 않고 그렇게 할 수 있는가? 어떤 종류의 빈틈도 없이 그 충실성을 온전히 보존

할 수 있는가? 참된 확신에 도달하기가 쉬운가? 어떤 것이 옳은지에 대한 단순한 통찰이나 암시, 인정만이 아니라 우리의 성격, 우리의 영예, 우리의 운명의 진리의 힘을 끌어들이는 진정한 신념에 이를 수 있는가? 진리를 발견하고 그 진리로 살아가는 것이 우리의 영적인 여정을 결정하는 것이 아닌가? 그것은 결코 쉬운 것이 아니다. 우리에게, 우리의 전 존재로 진리를 파악하고 믿음으로 그것을 우리의 삶에 통합하는 것은 지극히 어렵다.

하지만 그것이 하느님과 그분의 나라, 드러나 계시면서 숨어 계신 분, 구원을 주시고 마음을 충족시켜 주시는 분, 우리의 가장 내적인 존재가 그분 앞에서 움츠러들고 오히려 우리를 둘러싼 세상의 온갖 색깔과 부를 향해 가게 되는 그분의 문제라면, 여기에서 분명하고 확고한 투신과 충실함의 상태에 이르는 것이 어떻게 쉬울 수 있겠는가? 하느님과 그분의 나라는 영원하고 무한한데, 우리는 우리 자신이 덧없고 작다고 느낀다. 우리가 어떻게 측량할 수 없는 광대함을 파악할 수 있겠는가? 우리의 유한성과 그분의 무한성이 어떻게 하나로 수렴될 수 있겠는가? 우리의 능력은 언제나 과부하 상태가 아닌가? 우리의 선의에도 불구하고, 언제나 서로에게 가 닿을 수 없는 몰이해의 간극이 있는 것이 아닌가? 정신과 마음의 힘이 유한하여 지금 다루는 진리의 힘을 견딜 수 없다는 것 외에 다른 이유가 없는 의심들이 있지 않은가? 우리의 가장 확고한 파악 안에도 불확실함이, 주저함이, 전적으로 승복할 수 없음이, 미숙함이, 무게가, 하고자 하는데도 어쩔 수 없는 제한이 있지 않은가?

이러한 점을 살펴볼 때, 아멘의 의미는 우리에게 어느 정도 분명해진다. 그것은 우리의 끝없는 질문과 주저함에 선을 긋고, 끊임없는 동요의 상태에 한계를 정하며, 예와 아니오 사이에서 결정을 내리고, 우리의 결정을 고수한다.

아멘은 "그대로 이루어지소서."를 뜻한다.

아멘은 피조물의 불가능성을 하느님께 대한 충실성으로 바꾸어 놓는다.

아멘은 하느님을 향한 피조물의 비상을 정지에 이르게 한다. 그것은 진지하고 용감하게, "네 마음을 다하고 네 목숨을 다하고 네 정신을 다하여"[6] 이루어져야 한다. 그것은 계속해서 새로워져야 한다. 넘어질 때마다 다시 일으켜져야 한다. 무관심과 경솔함에 빠지면 굳건하게 견고해져야 한다. 잊힌 다음에는 다시 확인되어야 한다. 거듭 되풀이하여 우리는 의혹을 극복해야 하고, 흔들리는 마음을 굳세게 해야 하며, 권태를 이겨 내야 한다.

하지만 신앙 자체로부터 오는 것이기에 그저 지나가게 두어야 하는 의심도 있다. 하느님 자신이 아멘이라고 말씀하시지 않는다면, 모든 아멘은 가치가 없다. 우리는 "영원히"라고 말하지만 삶은 이미 그 "영원히"를 갉아먹고 있으며, 시간이 지나면 그것은 조각들로 흩어진다. 우리

---

6 마태 22,37; 마르 12,30 참조

는 "나는 절대로 이것을 지키겠다."라고 말하지만 이미 우리 안에서 물은 다른 방향으로 흐르며 우리의 말들을 무너뜨려, 언젠가 맑은 날이 되면 우리는 우리가 어떻게 그 자리에 왔는지도 모른 채로 다른 자리에 서 있음을 발견하게 된다. 우리는 우리의 중심이 건드려졌고 흔들렸고 압도되었으며, 절대적인 것이 우리의 영을 사로잡았다고 생각한다. 그러나 삶은 사건들과 슬픔과 사소한 일들의 힘을 가지고 흘러간다. 바람의 한숨과 새들의 노래가, 한때는 그렇게도 강력했던 것을 날려 버린다. 어느 날 그것은 모두 사라지고, 우리는 우리가 어떻게 해서 한때는 영원히 지속되는 것에 한몫을 갖는다는 생각을 하게 되었던 것인지 이해하지 못하게 된다.

아니다! 참으로 아멘이 되려면, 하느님 자신이 그렇게 말씀하셔야 한다. 충실성 자체이신 분이 우리의 충실의 기초가 되셔야 한다. 진리 자체이신 분이 우리의 정신을 비추셔야 한다. 그분이 우리를 붙잡고 삶의 오르내림을 견딜 힘을 주시고, 모든 것이 가라앉으려 위협할 때 거듭 거듭 일으켜 주셔야 한다.

아멘은 기도자가 정신적인 게으름과 황폐함에서 생명의 영적 활동으로 돌파해 나간다는 것을 말하는 우리의 방식이다. 그것은 하느님의 나라가 실현되는 것을 보고자 하는 그의 결단을 표현한다. 자신의 변덕스러움에 마침표를 찍고 그것을 결단과 항구함으로 변화시키고자 하는 의지를 표현한다. 이 모든 것을 하고 나서, 아멘 자체가 하나의 청원이 된다.

> "주님, 당신은 '아멘'이라고 말씀하십니다. 그 아멘을 제 안에서 깊이 뿌리내린 진리로, 흔들리지 않는 충실함으로, 지치지 않는 결단으로 살아나게 해 주십시오."

역자 후기

《로마노 과르디니의 주님의 기도》는 우리에게, "아버지의 뜻이 하늘에서와 같이 땅에서도 이루어지소서."라고 기도하는 것이 얼마나 중대한 일인지를 눈을 크게 뜨고 보게 합니다.

하느님의 뜻은 우리의 예측을 벗어납니다. 우리는 그 뜻에 한계를 정할 수 없습니다. 과르디니는 하느님이 우리에게 "넘어지지 않을 수 없을 만큼" 힘든 유혹을 허락하실 가능성까지 이야기합니다. 실제로 하느님께서 나에게 그런 유혹을 주시는지 여부와는 별개로, 인간이 하느님께 그런 가능성을 원천적으로 배제할 수는 없습니다. 그것이 하느님의 신성이고 하느님의 자유입니다. "아버지의 뜻이

…… 이루어지소서."라고 말하면서 내심 하느님은 늘 내가 하는 일을 잘되게 해 주시고 좋은 날씨와 건강과 행운을 주시리라고 생각한다면, 있는 그대로의 참된 하느님이 아니라 내가 만들어 낸 우상을 믿는 것입니다.

이사야는 어느 날 하느님을 뵙고, "큰일 났구나. 나는 이제 망했다."(이사 6,5)라고 말합니다. 하느님을 만난 이들의 삶은 평탄할 수 없었습니다. 트코아에서 양을 치고 돌무화과를 가꾸던 아모스는 어느 날 하느님께 붙잡혀(아모 7,15) 고향을 떠나 베텔에 가서 다른 사람들이 "참아 낼 수가 없다"(아모 7,10)고 하는 말씀을 전해야 했습니다. 스스로 어린아이라고 말했던 예레미야는 하느님의 부르심에 응답하여 예언자가 되었으나 나중에는 자신이 하느님께 속았고, 하느님의 꾐에 넘어갔다고 느꼈습니다(예레 20,7). 예언자들은 하느님의 말씀을 전한다고 해서 환영을 받은 것이 아니었습니다. 사람들은 예언자들이 심판을 선고해도, 구원을 선포해도 마찬가지였습니다.

하느님 나라의 복음을 선포하신 예수님도 마찬가지였

습니다. 예수님을 만난 첫 제자들은 그물을 버렸고, 배와 아버지를 버려야 했습니다(마태 4,20.22). 예수님 자신도, "여우들도 굴이 있고 하늘의 새들도 보금자리가 있지만, 사람의 아들은 머리를 기댈 곳조차 없다."(마태 8,20)라고 말씀하셨습니다. 예수님께서 "아버지, 하실 수만 있으시면 이 잔이 저를 비켜 가게 해 주십시오. 그러나 제가 원하는 대로 하지 마시고 아버지께서 원하시는 대로 하십시오."(마태 26,39)라고 기도하셨을 때, 아버지께서 원하시는 것은 예수님이 그 잔을 남김없이 비우는 것이었습니다.

하느님은 결코 우리의 삶을 평탄하게 두시는 분이 아니십니다. 위험을 미리 막아 주지 않으실 뿐만 아니라, 오히려 남들과 다름없이 이 세상을 살아가던 우리의 삶에 끼어드시어 우리의 길을 비틀어 놓으십니다. 진심으로 "아버지의 뜻이 …… 이루어지소서."라고 기도한다면, 아버지의 뜻이 어떤 것이라 해도 그것이 이루어지기를 바라야 할 것입니다.

과르디니는, 하느님의 뜻이 이렇게 예측할 수 없는 것인데도(그것이 이루어진다면 나에게 무슨 일이 닥칠지 알 수 없는데도) 우리가 그 뜻이 이루어지기를 기도할 수 있는 것은 그분이 "아버지"이시기 때문이라고 말합니다. 전능하시고, 그분께는 모든 것이 가능하고, 그분의 뜻이 나를 위험에 처하게 할 수 있고, 내가 유혹의 시련을 겪게 될 수도 있는데 그 뜻이 이루어지기를 기도하는 것은, 아버지이신 하느님이 우리를 사랑하시고 "그분의 계획에 따라 부르심을 받은 이들에게는 모든 것이 함께 작용하여 선을 이룬다는"(로마 8,28) 믿음이 있을 때에 가능합니다.

그 믿음이 쉽지 않기에, 어쩌면 하느님이 나의 삶에 개입하지 않으시기를 바라는 마음이 더 솔직한 것인지도 모르겠습니다. 차라리 아무 일도 일어나지 않았으면 하는 마음이, 적어도 저에게는 분명히 있습니다. 하느님의 뜻은 매번 믿음의 시험으로 저에게 다가오기 때문입니다. 그리고 사실은, 주님의 기도를 바칠 때마다 우리는 시험을 치르고 있습니다. 하느님이 진실로 나를 사랑하는 아버지기에 그분의 뜻이 어떤 것일지라도 사랑에서 오는 것임을 믿고, 이루어지기를 진심으로 바랄 수 있는지, 주님의 기도를 바칠 때마다 주님은 우리에게 물으십니다.